鲜花店
赚钱妙招

陈 美◎编著

广东经济出版社
·广州·

图书在版编目（CIP）数据

鲜花店赚钱妙招 / 陈美编著. -- 广州：广东经济出版社，2025.5.
ISBN 978-7-5454-9464-8
Ⅰ.F717.5
中国国家版本馆CIP数据核字第202405BP68号

责任编辑：蒋先润　刘雨曦
责任校对：李玉娴
责任技编：陆俊帆

鲜花店赚钱妙招
XIANHUA DIAN ZHUANQIAN MIAOZHAO

出 版 人	：刘卫平
出版发行	：广东经济出版社（广州市水荫路11号11~12楼）
印　　刷	：珠海市国彩印刷有限公司
	（珠海市金湾区红旗镇虹晖三路北侧，永安一路西侧）
开　　本	：730mm×1020mm　1/16
印　　张	：15.75
版　　次	：2025年5月第1版
印　　次	：2025年5月第1次
书　　号	：ISBN 978-7-5454-9464-8
字　　数	：317千字
定　　价	：58.00元

发行电话：（020）87393830
如发现印装质量问题，请与本社联系，本社负责调换
版权所有·侵权必究

前言

开店创业，作为众多人心中的梦想与事业的启航点，往往承载着无限的憧憬与期待。然而，梦想照进现实的路途并非坦荡无阻，许多创业者虽怀抱热忱，却对开店的具体步骤与策略知之甚少，这无疑为他们的商业旅程增添了诸多不确定性和潜在风险。因此，开店创业成了一场理论与实践交织的持久战。创业之路上，创业者需要不断学习、实践与提升。

创业者在踏上商业旅程之前，详尽的准备工作尤为关键。市场调查是第一步，它要求创业者深入了解目标市场，包括同类型店铺的数量、分布情况、客流量及平均收益等，以为店铺的精准定位与差异化经营奠定坚实基础。

而鲜花店，以其较低的创业门槛、适中的投资额及较高的投资回报率，成了众多创业者的优选。无论是选择加盟连锁品牌，还是独立开设门店，鲜花店都展现出了广泛的可行性与吸引力，是创业梦想中的一颗璀璨明珠，成为创业路上一道亮丽的风景线。

鲜花承载着人们对美好生活的向往与追求，拥有一家既美丽又独特的鲜花店，不仅是女性创业者的浪漫幻想，也是男性创业者心中的一份温柔愿景。

然而，值得注意的是，开店创业并非一件一蹴而就的事。它要求创业者具有严谨的态度、周密的筹划能力和精细的成本控制能力。面对鲜花店行业的复杂性与多样性，许多初入行的创业者、经营者及管理者往往会感到迷茫与无措。

鉴于此，笔者凭借在鲜花店行业的多年实战经验，并借鉴了众多同行的宝贵心得，精心编写了《鲜花店赚钱妙招》一书。本书旨在为鲜花店领域的从业者提供全面而实用的指导，助力他们在激烈的市场竞争中脱颖而出。

全书共分为十章，内容涵盖开店筹划、鲜花采购、花卉陈列、花材养护、插花制作、花语导购、店面销售、多元经营、线上经营及市场推广等多个方面，图文并茂、内容丰富，设有"温馨提示""案例"和"相关链接"等板块，不仅理论扎实，而且具有很强的实操性。无论是鲜花店的从业人员，还是对该行业感兴趣的新手小白，都能获益匪浅。

当然，由于个人水平有限，书中难免存在不足之处。在此，我诚挚地邀请广大读者提出宝贵的意见与建议，以便改进与完善。

让我们携手共进，在鲜花店的创业道路上共创辉煌！

陈　美

2025年春

目 录

第一章 开店筹划

第一节 认真调研，让店铺定位精准 ······ 3
 一、了解消费群体 ······ 3
 二、目标市场定位 ······ 4
 三、目标市场细分 ······ 5
 四、经营风格定位 ······ 5
  相关链接　花店定位的影响 ······ 6

第二节 慎重选址，让店铺抢占地利 ······ 7
 一、繁华区、商业区 ······ 7
 二、大学内 ······ 8
 三、住宅区 ······ 9
 四、医院附近 ······ 9
 五、超市内 ······ 10
  相关链接　开花店的禁忌之地 ······ 10

第三节 合理装修，让店铺独具特色 ······ 11
 一、整体规划设计 ······ 12
 二、布局设计 ······ 13
 三、风格设计 ······ 16
  案例　××花店翻新改造项目 ······ 18

第四节 办理手续，让店铺身份合法 ······ 19
 一、选择经营主体 ······ 20
 二、办理营业执照 ······ 20
 三、注册商标 ······ 20

　　　　四、开立对公账户 ……………………………………… 20
　　　　五、申请发票 …………………………………………… 21

第五节　购买设备，让店铺正常运转 ……………………… 21
　　　　一、花架 ………………………………………………… 21
　　　　二、工作台 ……………………………………………… 22
　　　　三、保鲜柜 ……………………………………………… 22
　　　　　　相关链接　鲜花保鲜柜的选择与使用 …………… 22
　　　　四、电脑 ………………………………………………… 23
　　　　五、收银系统 …………………………………………… 23
　　　　六、灭火器 ……………………………………………… 23
　　　　七、空调 ………………………………………………… 23
　　　　八、花束绑扎机 ………………………………………… 24
　　　　九、切花机 ……………………………………………… 24

第六节　隆重开业，让店铺深入人心 ……………………… 24
　　　　一、试营业 ……………………………………………… 24
　　　　二、正式营业 …………………………………………… 25
　　　　　　相关链接　花店常见的开业活动 ………………… 26

第二章　鲜花采购

第一节　多方了解，获取货源信息 ………………………… 31
　　　　一、获取进货信息的途径 ……………………………… 31
　　　　二、鲜花的进货渠道 …………………………………… 32
　　　　　　相关链接　中国主要花卉种植产地 ……………… 34
　　　　三、网上采购鲜花 ……………………………………… 35

第二节　掌握方法，采购合适鲜花 ………………………… 35
　　　　一、鲜花采购要点 ……………………………………… 36
　　　　　　相关链接　常见鲜花选购要点 …………………… 38
　　　　二、鲜花采购需考虑的因素 …………………………… 39
　　　　三、鲜花采购的注意事项 ……………………………… 41

第三节 明确需求，采购必需辅材 …… 43

一、花桶和花瓶 …… 43

二、包装纸 …… 44

　　相关链接　花束包装纸大全 …… 44

三、鲜花保鲜用品 …… 54

四、辅材 …… 54

第四节 优化管理，控制进货成本 …… 55

一、掌握货品的进价 …… 55

二、掌握进货周期 …… 56

三、掌握进货量 …… 57

四、掌握进花材的方法 …… 57

第三章　花卉陈列

第一节 精心布局，合理利用空间 …… 61

一、抓住店内焦点空间 …… 61

二、充分利用立体空间 …… 61

三、巧用玻璃镜面 …… 61

四、做好色彩搭配 …… 62

第二节 灯光布置，营造温馨氛围 …… 62

一、霓虹灯设计 …… 62

二、橱窗灯设计 …… 62

三、内部灯光设计 …… 64

　　案例　××花店空间优化与陈列改造 …… 65

第三节 突出视觉，展示花材魅力 …… 67

一、吸引目光的橱窗或门口 …… 67

二、突出整体美感的店内陈列 …… 68

三、巧用装饰道具搭配陈列 …… 69

四、提高商品的能见度 …… 69

五、突出商品的价值和特点⋯⋯⋯⋯⋯⋯⋯⋯⋯⋯⋯⋯⋯⋯70

六、货架与花卉错落摆放⋯⋯⋯⋯⋯⋯⋯⋯⋯⋯⋯⋯⋯⋯71

相关链接　花卉陈列的常见方式⋯⋯⋯⋯⋯⋯⋯⋯72

第四章　花材养护

第一节　常规处理，上架展示⋯⋯⋯⋯⋯⋯⋯⋯⋯⋯⋯⋯⋯⋯77

一、开扎处理⋯⋯⋯⋯⋯⋯⋯⋯⋯⋯⋯⋯⋯⋯⋯⋯⋯⋯77

二、修剪⋯⋯⋯⋯⋯⋯⋯⋯⋯⋯⋯⋯⋯⋯⋯⋯⋯⋯⋯⋯77

三、分门别类⋯⋯⋯⋯⋯⋯⋯⋯⋯⋯⋯⋯⋯⋯⋯⋯⋯⋯78

四、保存⋯⋯⋯⋯⋯⋯⋯⋯⋯⋯⋯⋯⋯⋯⋯⋯⋯⋯⋯⋯78

相关链接　常见鲜花的处理⋯⋯⋯⋯⋯⋯⋯⋯⋯⋯⋯78

第二节　做好保鲜，延长花期⋯⋯⋯⋯⋯⋯⋯⋯⋯⋯⋯⋯⋯⋯80

一、延长花期⋯⋯⋯⋯⋯⋯⋯⋯⋯⋯⋯⋯⋯⋯⋯⋯⋯⋯80

二、让花材充分吸收水分⋯⋯⋯⋯⋯⋯⋯⋯⋯⋯⋯⋯⋯80

三、注意摆放位置⋯⋯⋯⋯⋯⋯⋯⋯⋯⋯⋯⋯⋯⋯⋯⋯81

四、使用鲜切花保鲜剂⋯⋯⋯⋯⋯⋯⋯⋯⋯⋯⋯⋯⋯⋯81

五、防止切口感染⋯⋯⋯⋯⋯⋯⋯⋯⋯⋯⋯⋯⋯⋯⋯⋯82

相关链接　怎样抢救因失水过多而快萎蔫的花材⋯⋯82

第三节　及时护理，降低损耗⋯⋯⋯⋯⋯⋯⋯⋯⋯⋯⋯⋯⋯⋯83

一、叶材的护理⋯⋯⋯⋯⋯⋯⋯⋯⋯⋯⋯⋯⋯⋯⋯⋯⋯83

二、鲜切花的护理⋯⋯⋯⋯⋯⋯⋯⋯⋯⋯⋯⋯⋯⋯⋯⋯83

三、花桶的清洁⋯⋯⋯⋯⋯⋯⋯⋯⋯⋯⋯⋯⋯⋯⋯⋯⋯84

第四节　正确存放，有效储藏⋯⋯⋯⋯⋯⋯⋯⋯⋯⋯⋯⋯⋯⋯85

一、干贮藏⋯⋯⋯⋯⋯⋯⋯⋯⋯⋯⋯⋯⋯⋯⋯⋯⋯⋯⋯85

二、湿贮藏⋯⋯⋯⋯⋯⋯⋯⋯⋯⋯⋯⋯⋯⋯⋯⋯⋯⋯⋯86

三、气体调节贮藏⋯⋯⋯⋯⋯⋯⋯⋯⋯⋯⋯⋯⋯⋯⋯⋯87

四、低压贮藏⋯⋯⋯⋯⋯⋯⋯⋯⋯⋯⋯⋯⋯⋯⋯⋯⋯⋯87

相关链接　贮藏鲜切花应注意的问题⋯⋯⋯⋯⋯⋯⋯87

第五章　插花制作

第一节　花材搭配，追求相得益彰 … 91
- 一、花材的形状 … 91
- 二、花材的挑选 … 93
- 三、花材的搭配 … 94
- 四、花色的搭配 … 94
  - 相关链接　如何为顾客搭配鲜花 … 96

第二节　花束制作，力求美观协调 … 98
- 一、花束的结构 … 98
- 二、花束的造型 … 98
- 三、花束的制作 … 102
- 四、花束的保养 … 105

第三节　花篮插花，巧于立意构思 … 106
- 一、花篮插花的功用 … 106
- 二、篮器的形状和材料 … 107
- 三、花篮插花的类型 … 107
- 四、花篮插花的制作 … 108
- 五、花篮插花的保水 … 111

第四节　婚庆插花，突出色彩寓意 … 112
- 一、婚庆插花的特点 … 112
- 二、婚庆常用的花材 … 112
- 三、婚车装饰 … 112
- 四、仪式区的布置 … 114
- 五、迎宾区的布置 … 115
- 六、餐桌的布置 … 115
- 七、新娘手捧花制作 … 116
- 八、胸花制作 … 118

第六章　花语导购

第一节　因花而异，给不同客人讲花 …………………… 121
　　一、常见鲜花花语 …………………………………………… 121
　　二、花语组合的含义 ………………………………………… 128

第二节　因人而异，给不同对象荐花 …………………… 129
　　一、给长辈送花 ……………………………………………… 129
　　二、给领导送花 ……………………………………………… 130
　　三、给师长送花 ……………………………………………… 130
　　四、给妻子送花 ……………………………………………… 132
　　五、给恋人送花 ……………………………………………… 133
　　　　相关链接　不适合送给另一半的花 ………………… 133
　　六、给朋友送花 ……………………………………………… 134
　　七、给客户送花 ……………………………………………… 134
　　八、给同事送花 ……………………………………………… 135

第三节　因事而异，给不同场景配花 …………………… 136
　　一、祝寿送花 ………………………………………………… 136
　　二、开业送花 ………………………………………………… 137
　　三、乔迁送花 ………………………………………………… 138
　　四、婚庆送花 ………………………………………………… 138
　　五、探病送花 ………………………………………………… 138

第四节　因时而异，给不同节日选花 …………………… 139
　　一、元旦 ……………………………………………………… 139
　　二、春节 ……………………………………………………… 140
　　三、情人节 …………………………………………………… 140
　　四、妇女节 …………………………………………………… 140
　　五、清明节 …………………………………………………… 140
　　六、母亲节 …………………………………………………… 141
　　七、父亲节 …………………………………………………… 141
　　八、教师节 …………………………………………………… 141

九、中秋节 ··· 141
十、重阳节 ··· 142

第七章　店面销售

第一节　科学定价，留取合理利润 ······························ 145
  一、给花器及辅料定价 ·· 145
  二、给鲜切花定价 ·· 145
  三、给花艺作品定价 ··· 146
  四、给绿植定价 ··· 146

第二节　了解意图，明确顾客需求 ······························ 147
  一、了解顾客的需求 ··· 147
  二、挖掘顾客潜在需求 ·· 149

第三节　有礼有节，接待来店顾客 ······························ 151
  一、热情接待 ·· 151
  二、温馨询问 ·· 151
  三、专业介绍 ·· 152
  四、合理估价 ·· 152
  五、礼貌送客 ·· 152
    相关链接　不同类型顾客的接待 ······················ 152

第四节　察言观色，判断成交时机 ······························ 154
  一、对某一种鲜花问询多次 ···································· 154
  二、开始沉默 ·· 154
  三、向同伴问询 ·· 154
  四、开始谈条件 ·· 155
  五、开始表示赞同 ·· 155
  六、关心售后 ·· 155
    相关链接　如何面对不同需求的顾客 ··············· 155

第五节	完美配送，彰显服务品质	156
	一、送货订单的填写要点	156
	二、给顾客送花的技巧	158
	三、送花结束后的工作	160
	四、送花服务的细节	161
	案例　××花店送货服务优化	163

第八章　多元经营

第一节	扩大规模，增加店内服务	167
	一、增添鲜花礼品经营	167
	二、增添音乐花艺吧	167
	三、增添鲜花摄影业务	167
	四、增添鲜花食品服务	168
第二节	拓宽思路，开展店外服务	168
	一、花卉租赁	169
	相关链接　花卉租摆将成未来趋势	169
	二、花卉意境设计	170
	三、花卉门诊	170
第三节	多方联动，发展社区业务	171
	一、善于抓住机会	171
	二、承担绿化养护工作	171
	三、开展家庭绿化系列服务	171
	案例　××花茶坊多元化经营下的利益扩大化	172

第九章　线上经营

第一节	布局线上，开通网上店铺	177
	一、建立鲜花网站	177
	二、注册个人网店	179

三、微信小程序开店……181
　　　　相关链接　花店如何用小程序做拼团活动……184

第二节　齐头并进，打通外卖业务……186
　　一、选择外卖入口……186
　　　　相关链接　自营外卖平台如何突出品牌……187
　　　　相关链接　入驻第三方外卖平台与自建外卖平台的对比……189
　　二、外卖运营策略……190
　　三、线上线下衔接……191
　　四、优化产品和服务……192
　　五、提升店铺的曝光率……192
　　六、提升进店人数……193
　　七、提升店面下单率……194
　　八、提升顾客客单价……195
　　九、提升顾客复购率……195

第三节　网店维护，完善线上服务……197
　　一、售前服务……197
　　二、售中服务……197
　　三、送货服务……198
　　四、售后服务……199
　　　　相关链接　网店售后服务诀窍……200

第十章　市场推广

第一节　微信营销，增加顾客黏性……205
　　一、微信营销的原则……205
　　二、微信营销的步骤……205
　　三、微信营销的定位……207
　　四、微信营销的内容……207
　　五、微信营销的技巧……208

9

第二节　跨界合作，扩大市场份额····················210
　　一、与婚庆公司合作····················210
　　二、与房地产公司合作····················210
　　三、与酒店合作····················211
　　四、与电视台合作····················211
　　五、与中高端服务型店铺合作····················211
　　六、与汽车4S店合作····················211
　　七、与会展公司合作····················211
　　八、与保险类和银行类企业合作····················211
　　九、与待开业的门店合作····················211
　　十、与大型商场会员中心合作····················212

第三节　节日促销，提升店铺人气····················212
　　一、提前做好准备····················212
　　二、做好店面布置····················212
　　三、抓住节日商机····················213
　　　　相关链接　花店如何备战七夕····················214

第四节　赠品促销，招徕顾客进店····················215
　　一、代金券····················215
　　二、花瓶····················215
　　三、花卉····················215
　　四、花卡····················216
　　五、包装纸和彩带····················216
　　六、小饰物····················216
　　　　案例　××花店赠品促销策略大获成功····················216

第五节　推陈出新，维持淡季流量····················217
　　一、打特价策略····················218
　　　　相关链接　特价鲜花的作用····················218
　　二、开展鲜花包月业务····················219
　　三、多渠道促进销售····················220
　　四、多元化经营····················220

五、提升顾客体验 220
六、花束拍卖 220
七、巧妙利用送花员来做推销 221

第六节 直播带货，创新购物体验 221
一、直播平台的选择 221
二、花束展示和包装 222
三、直播内容规划 222
四、直播带货推广策略 223
五、活动效果评估 223
案例 花艺商家"双十一"在抖音上实现破圈增长 224

第七节 线上推广，引流潜在客户 226
一、地图导航平台推广 226
二、支付宝口碑商城推广 226
三、同城社区平台推广 227
四、鲜花转单平台推广 228
五、网上商城推广 228
六、社交平台推广 228
七、百度百家号推广 228
八、搜索引擎推广 228

第八节 营销闭环，线上线下结合 229
一、打造朋友圈个人IP 229
二、建立社群 230
三、与电商商家合作 230
四、知识付费 230
五、从实体店引流 230
六、通过用户裂变 231
七、地推 232
相关链接 提高地推拉新效果的技巧 232

第一章

开店筹划

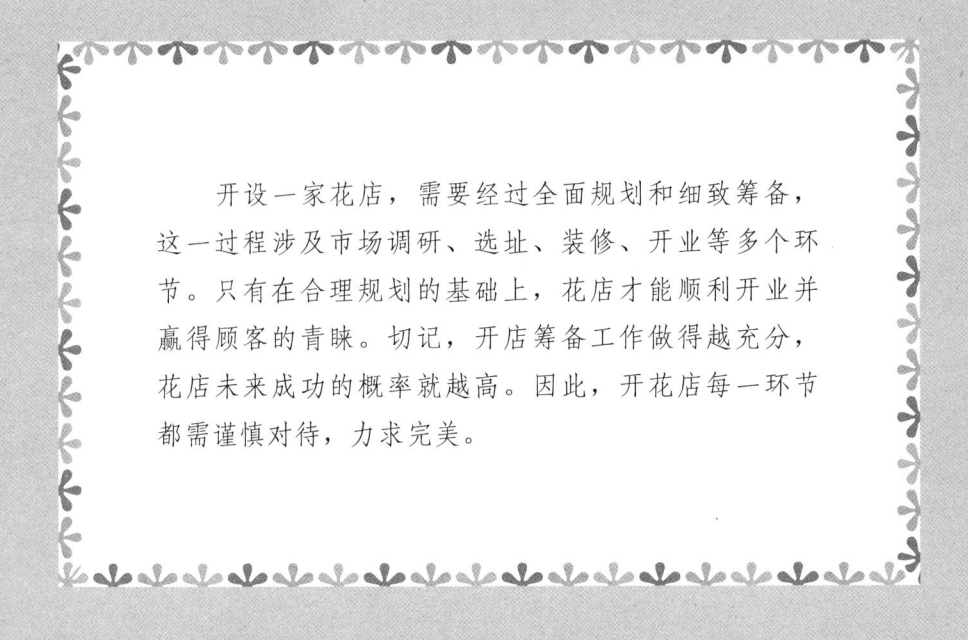

开设一家花店，需要经过全面规划和细致筹备，这一过程涉及市场调研、选址、装修、开业等多个环节。只有在合理规划的基础上，花店才能顺利开业并赢得顾客的青睐。切记，开店筹备工作做得越充分，花店未来成功的概率就越高。因此，开花店每一环节都需谨慎对待，力求完美。

第一节
认真调研，让店铺定位精准

在现代商业社会中，精准定位店铺至关重要。对于渴望开店创业的人来说，选择一个既符合自身兴趣与专长，又能顺应市场需求与趋势的经营方向，无疑是通往成功的关键桥梁。

一、了解消费群体

创业者既然要开花店，那么就必须对花店的消费群体有所了解。

比如，花店将要面对的是哪些消费群体，他们有着什么样的共性特征，其购买力及购买习惯如何，这一群体是正在增加还是减少，等等，这些都是想开花店的创业者要从宏观上加以把握的。

目前，中国鲜花消费群体的特点可以形象地用如图1-1所示的三角形来表示。

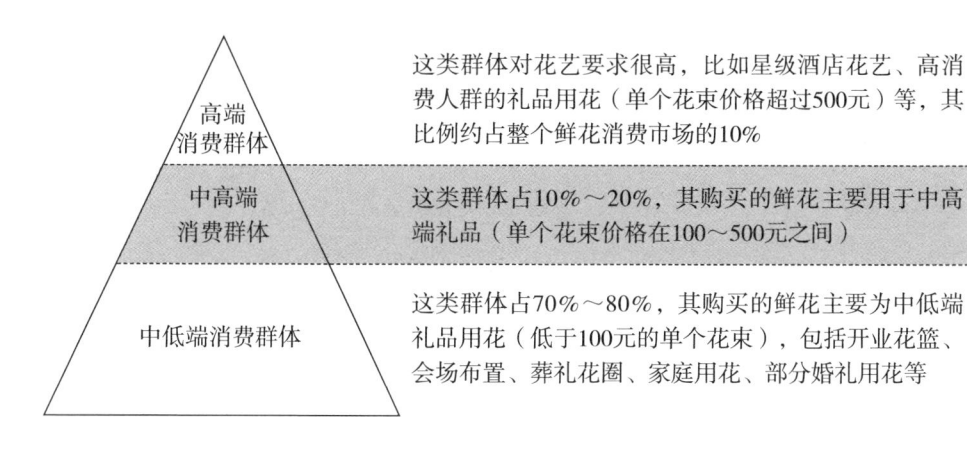

高端消费群体	这类群体对花艺要求很高，比如星级酒店花艺、高消费人群的礼品用花（单个花束价格超过500元）等，其比例约占整个鲜花消费市场的10%
中高端消费群体	这类群体占10%~20%，其购买的鲜花主要用于中高端礼品（单个花束价格在100~500元之间）
中低端消费群体	这类群体占70%~80%，其购买的鲜花主要为中低端礼品用花（低于100元的单个花束），包括开业花篮、会场布置、葬礼花圈、家庭用花、部分婚礼用花等

图1-1 中国鲜花消费群体的特点

图1-1中三角形最高端的部分，极具个性，代表着特定小众市场的高端消费群体，对于整个鲜花市场的发展潜力来说相对有限。因此，花店可以把三角形中间的这部分群体作为培养市场的主要目标。这类群体以中高端鲜花礼品消费为主，具备较好的花卉消费意识和消费能力，最有可能转变为家庭用花消费人群。通过精准定位和服务这一群体，花店能获得稳定的收入来源。

随着大众消费能力及学历水平的提高，花卉消费不再仅限于传统的节假日庆祝，而是逐步进入人们的日常生活，成为一种常态化的消费习惯。家庭用花消费习惯的形成，是鲜花消费走向成熟的表现。

> **温馨提示**
>
> 花店可以通过对鲜花礼品市场的进一步发掘，带动家庭鲜花消费，从而实现整体产业升级。

二、目标市场定位

一家花店开得成功与否，目标市场定位起到至关重要的作用。花店市场定位包括如图1-2所示的三个层次。

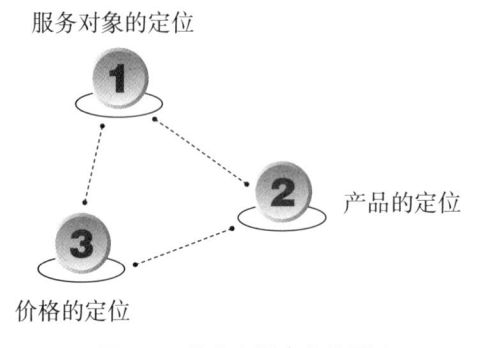

图1-2　花店市场定位的层次

花店经营与其所在城市类型和地理位置关系很大。大城市的花店更倾向于专业化，因为这些城市的很多服务市场都会被细分，一家花店可能只会专注一个领域，如婚礼、开业庆典等。而小城市的花店比较适合多元化经营，具体而言，可在学校周边、居民小区、超市、写字楼周边等不同的地方选址，主要服务对象和经营模式也有所不同。

花店的市场定位不应该只以简单的高、中、低端来划分，即便是定位高端的花店，产品和价格也要再细分出高、中、低来。

比如，在同一家花店，同样是99朵玫瑰的花束，要有高、中、低价位，可分为1299元、999元、699元三个档次。选择1299元花束的可能只有四五个顾客，选择699元花束的也不多，大部分顾客会选择中间价位的，因此价位设定一定要有层次。

三、目标市场细分

1. 个人消费

一般来说，花卉的主要目标市场中，个人消费者主要是中产阶层和高收入者。他们对花卉的消费能力更强、购买欲望更大，其日常花卉消费明显多于收入较低者，且这种消费群体的数量正随着中国经济的增长而增长，市场消费规模也处于增长趋势。

> **温馨提示**
>
> 当前，我国鲜花市场的消费潜力巨大，越来越多的人注重精神和文化消费，人们的消费层次也在不断地提高。花卉作为美化环境、愉悦心情的产品逐渐成为人们的日常消费品。

2. 团体消费

对于花店来说，大单生意还是依赖团体消费。从目前的市场来看，花卉消费在很大程度上仍然侧重于团体消费；个人消费很零散，所占市场份额不大，主要集中在节庆日和其他一些特殊日子，日常需求仍然偏少。团体性花卉消费在过去、现在乃至将来的一段时间内都处于主要地位并且呈增长趋势。

四、经营风格定位

开花店之前，创业者要想清楚自己花店的经营风格、市场定位以及要面向的客户群体，因为这决定了花店的规模、装修风格和业务渠道。

花店的经营可以多方面发展，业务涵盖如图1-3所示的范围。

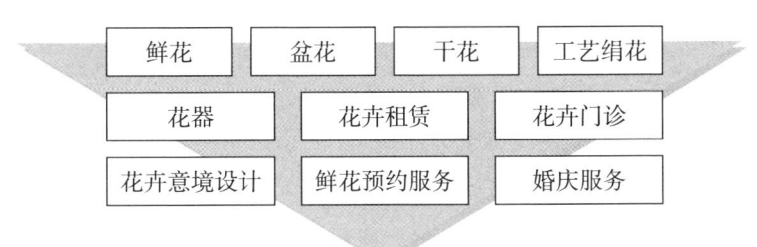

鲜花	盆花	干花	工艺绢花
花器	花卉租赁	花卉门诊	
花卉意境设计	鲜花预约服务	婚庆服务	

图1-3　花店经营业务涵盖的范围

创业者要根据不同的消费群体及其消费特点来确定花店的经营范围，可单一经营某一项目，也可综合经营，还可只兼顾其中2~3个项目。

比如，花店若以经营商业礼仪花艺为主，则主营礼仪花篮、花束、花车、婚礼场景布置等项目；若以经营家居装饰用花为主，则可以综合经营与家居装饰有关的项目，如干花、盆花、工艺绢花以及花器等。

> **温馨提示**
>
> 花店经营范围的确定非常灵活，创业者应根据定位来选择经营范围，力求精准。

相关链接

花店定位的影响

1. 定位直接决定着顾客群体，而顾客群体决定着花店的一切收益

创业者在开花店之前需要做一个充分的市场调研，包括鲜花消费者的层次、消费习惯以及已有花店的分布、经营特色等。对市场充分了解并进行分析后，结合自身的条件，再确定花店在市场上的定位和目标消费群体。

2. 定位影响选址

消费者在哪，花店的服务就应该在哪。如果花店的目标顾客是白领阶层，那么就应该选址在写字楼、商圈附近；如果是家庭妇女，那么可以考虑选址在大超市、菜市场附近。

3. 定位影响定价

不同顾客群体的消费诉求不同。同样的花束，88元卖给高端消费群体，人家不一定会要，但是普通顾客就会十分喜欢。

4. 定位影响装修风格与运营

如果花店的目标顾客是精致主义者，而花店却装修简陋，跟路边摊式的花店没有区别，目标顾客是不会进店的。高品质的花店必须在花材的质量和插花的水平上都有十分严格的要求，保证顾客拿到手的都是精品。

5. 定位影响发展方向

花店的定位决定了花店的发展方向。越是具体的定位越有针对性，业务板块就会越精细化、专业化，就能有的放矢地开展经营活动。比如专门的结婚用花花店、开业用花花店、丧礼用花花店等。

第二节 慎重选址，让店铺抢占地利

位置的好坏对花店的生存和发展来说至关重要。鲜花消费日益呈现出多元化和日常化的趋势，人们对鲜花的需求已不单单停留在商业和礼品用途上，花店选址最重要的考虑因素就是有稳定的消费人群。

一、繁华区、商业区

一个城市的繁华区和商业区，本身已经是一个固定的销售场所，也具备一定的消费氛围。同时，这些地方也是高级酒店、宾馆和会议场所的集中地，若选在繁华区、商业区开花店，一开始就具备了"天时""地利"条件。如果经营有方，又有"人和"加持的话，花店生意一定会红红火火。

开在繁华区、商业区的花店档次要高，不管是装修还是花店内的商品都要有品位。这类花店可以从店内零售和订货业务两个方面来经营。

小慧经营花店已经有快四年的时间。谈起自己的成功之道，小慧用了三个字概括，那就是"店址好"。

现在各家花店出售的鲜花其实没有太大的差别，因此一个好的店址就非常重要，也就是你要让想买花的人很方便地就可以买到花。正是考虑到这个因素，小慧开花店的时候，不顾家人反对，坚持把花店开在闹市繁华地段，不过面积就小了点，只有几平方米，每个月的租金还很高。

小慧说，花店没有太多熟客。因为闹市区大多是商业中心，住宅区相对少一些，所以她店里的鲜花销售以零售为主。虽然每月店铺租金比较高，但由于每天顾客不断，销售量还是相当不错的。她将这一切都归功于自己当初选了一个好的店址。

花店选址最重要的是要和自身经营的品种、价格、档次、规模联系起来，也就是要根据定位来选择合适的地点，看适合在哪里开店。如果经营品种无特色，服务质量一般，即使开在繁华区、商业区，收入也不会高。当然，如果机缘巧合，先确定了花店的地址，那么也可根据既有店址进行花店定位。

二、大学内

大学生爱花，已成为一种时尚。这不仅仅是因为鲜花千姿百态、色彩绚丽，更在于花卉本身所承载的丰富文化内涵和象征意义。

比如，红玫瑰传递爱意；黄玫瑰表示道歉；康乃馨是著名的母亲花，蕴含着母爱；勿忘我，其寓意一目了然；满天星，像一首迷离的情诗……

对于文化层次较高的莘莘学子来说，鲜花成了传递感情、彰显品性和个性的重要媒介。

有一位教钢琴的教授十分喜爱鲜花，常常光临花店。她说，收到学生送的鲜花是最愉快的事情。而更多的女学生表示，忽然收到一束鲜红的玫瑰，会使其生活增添许多光彩。

有的大学生在为自己的亲朋好友挑选礼品时，也会在礼品盒上附上一枝康乃馨，或是一枝红玫瑰；他们通常会在教师节、圣诞节和情人节时购买鲜花，送教师的花多为康乃馨，而在圣诞节和情人节时多购买红玫瑰。

以鲜花赠友寄情，也是当代大学生最喜爱的方式之一。鲜花已经成为当代大学生生活中不可缺少的一项消费品，几乎所有的大学内都开有花店。

> **温馨提示**
>
> 你若选择在大学内开花店，要先调查清楚目前该大学内的花店分布及其经营水平和定价策略等，不能盲目开店，但也不要错过商机。

三、住宅区

随着人民生活水平的提高，花卉逐渐从奢侈品转变为日常生活中常见的装饰品。而且花草不仅能美化环境，还能让人赏心悦目，更能陶冶情操。人们在快节奏的生活和工作之余，侍弄一下花草，身心可以得到放松，压力可以得到缓解。逢佳节喜日，亲朋好友互送上一盆生机盎然、香气宜人的花草，虽然送礼者花费不太高，但收礼者会感到欢喜。

如今小区的居民家里基本都养有盆花，少则一两盆，多则三五盆，一般是档次不高但耐养的花卉，常见的有吊兰、绿萝、水仙、发财树、君子兰、杜鹃花等。尤其是老年人，退休后活动量大大减少，在家侍弄花草，看着它们一天天地抽新叶、长大，开出美丽的花朵，心情会变得更加愉悦。

目前，人们对花卉的消费需求越来越旺盛，买花的人越来越多，花店效益也越来越好。尤其是开在一些高级公寓和别墅区的花店，其生意就更好了。住在高级公寓和别墅区的居民收入较高，消费水平也高，通常会购买一些高档次的花作为家装品。

可见，花店选址在人口密集的住宅区是明智的选择。

> **温馨提示**
>
> 在住宅区开店，顾客以附近居民为主，他们对鲜花的需求主要是用于家居装饰，同时还有节日、家庭庆典、纪念日的用花，如结婚、生日等。

四、医院附近

几乎在每一个大型医院的附近都可以找到花店。鲜花作为送给病人的一种带有美好祝愿的礼品，很早就流行了。盛开的花朵展示着无限的生命力，美丽的颜色显示着生活的丰富多彩，当一个住院的人收到一束美丽的鲜花或一个漂亮花篮时，可以感受到来自他人的真挚关怀和对自己早日康复的祝福。同时，鲜花放置于清冷的病房中，也能起到调节气氛、平稳情绪的作用，有助于缓解病人紧张与焦虑的情绪。

中国人看望病人有带礼品的习惯，而鲜花是首选之一，所以开在医院附近的花店一般都经营得很好。另外，开在医院附近的花店还有个特点，就是营业收入不太会受到鲜花消费淡季和旺季变化的影响。

> **温馨提示**
>
> 在医院附近开花店可以兼营水果篮等适于看望病人的礼品，并应常备康乃馨、黄、白菊花，百合等花材。

五、超市内

花店开进超市是近年随着超市的发展而出现的新趋势。超市购物以其舒适、快捷、自由、方便等特点吸引了不少人，超市也成了许多人每周甚至每天必去的地方。鲜花进入超市，为消费者购花提供了方便。

在超市内开设花店，还可以开发潜在消费者，普及花卉消费。花店若开在街道旁，想要买花的人，可能会留意花店在哪里，而对于那些很少买花的人来说，常对花店视而不见，更不要说走进去买花了。超市则不一样，人们在逛超市时，花往往会很自然地出现在人们面前，有时顾客无意中一瞥，就可能被吸引过来，甚至被激发出购花的欲望，进而发展成为长期客户。

> **温馨提示**
>
> 花店开进超市是国际流行趋势。超市花店的收益在所有花店收益中占的比例越来越大，在瑞士、英国、法国、德国等国家，花卉在超市内的销售额都十分可观。

相关链接

开花店的禁忌之地

一忌：人口流动较大之地

花店不同于其他类型的小商店，如小食品店、小百货店、服装店等，这类小商店销售的商品大多是人们日常生活的必需品，人们对这些商品的需求量大，并且购买意愿强。因此，在火车站、汽车站等地，这类商店比较多。这些地方的人口流动较大，人们来去匆匆，或是走亲访友，或是出差办事，或是旅游观光。人们在这里出出进进或是稍加休息，利用等车的时间在这些小店里转一转、看一看，会买上一些自己喜欢的商品，或是当作旅途纪念品，或是用来送亲朋好友。很少有人会在此买上一束鲜花或一个花篮带上车。这也是由花卉自身的商品特性决定的。

二忌： 文化贫瘠之地

花卉是一种带有一定文化附加值的商品，尤其是经过经营者的构思、创造性加工之后，由鲜切花组合而成的花篮、花束，不仅是商品，更带有艺术品的特征。人们购买这样的商品，不仅仅是被它的鲜艳美丽和造型所吸引，更是被它所蕴含的文化特征所折服。从当今鲜花消费市场的情况来看，购买者大多是具有一定审美水平的人。因此，选址开花店时，应考虑这一因素。

三忌： 房租相对太高之地

开花店初期属小本经营，要考虑自身承受能力，有一个房租心理底线，若实际房租与心理底线差价太多则不应接纳。因为房屋租金太高会使投资成本过大，给经营者带来过重的成本压力和心理负担，甚至导致经营失败。

四忌： 位置太偏僻的地方

一般来说，位置偏僻的地方购买力相对比较差。经营者最好不要在太偏僻的地方选址开店。

五忌： 交通不便利之地

交通不便利，会给经营带来很多麻烦和不便，比如组织货源、货物运输的问题等。因此，交通不便利的地方也要慎选。

FLOWER SHOP

第三节
合理装修，让店铺独具特色

花店是人们购买花卉和享受美好时光的场所，一个舒适、有吸引力的花店装修设计能够让顾客更好地欣赏和购买花卉，同时也能增加店铺的吸引力和竞争力。

一、整体规划设计

在装修花店前，店主脑海里要有一个大致的概念，可以借鉴其他经营成功的花店的做法，并结合自己的构想进行整体规划设计，同时要以自身花店的实际情况为基础，从实际出发进行花店的装修设计。

1. 水电改造方面的基础设施设计

无论是能源电线、照明电线、电话线，还是传真、宽带网线等都要先安设好。店内一定要在方便操作的地方安好上下水管道设施，地板材料要坚固耐用。因为花店用水较多，不时会有水洒在地板上，因此木地板、胶贴地板都不太合适，仿石地砖要好些。墙面背景可考虑用乳白色、淡粉色，适合衬托花艺作品；粉绿色也是不错的选择，有自然清新的感觉。

2. 灯光设计

在灯光设计方面，要保证花店里有充足的光线。光线对表现室内花艺作品也影响很大，花店的光线要明亮，以暖色为宜。注意选择可以调节方向的射灯，这对以后烘托不同大小、位置的花艺作品比较方便。如果店铺面积小，可以装一些镜子以增强视觉效果。

3. 设备设计

在设备方面，在店内可以准备一些随时可以移动的花架，以备不时之需。

4. 橱窗设计

橱窗可以很好地展示花店的花艺水平，橱窗设计如果很独特的话，本身就是最好的广告。橱窗可以用来展示花店节庆、季节促销、商品折扣、主题活动等内容，是花店宣传和吸引顾客进来购物的窗口，因此橱窗设计是一个很重要的部分。

5. 门前环境设计

店主还应注意门前的环境，看看能否用灯箱等设施为花店创造一点"自留地"，这是为以后在高峰期，比如在情人节、春节等业务繁忙的时候，或者是有大宗花篮业务时，留出街道扩张空间。

二、布局设计

店铺布局设计是整个店铺形象设计的重要组成部分，店主应根据店铺的实际规模，从各个方面进行设计和完善。

1. 流动路线的设计

花店布局的核心是顾客流动路线的设计，成功的设计能最大限度地延长顾客在花店的停留时间。不同顾客因年龄、性别、性格等的差异，其行走的路线当然有所不同。花店要避免把畅销的花卉品种放在顾客走动少的地方，应考虑整体布局，把各类花卉按品种有序地摆放，在流动路线设计方面清晰分类，让顾客能自由自在地选购。

2. 花店通道设计

花店的通道应保持足够的宽度，以方便顾客游览。挑选鲜花和往来的通道宽度，一般不应小于90厘米，否则顾客在游览花店时会感到不便。

当通道过长时，采用适当的迂回设计更能吸引顾客，同时能延长其停留时间。

> **温馨提示**
>
> 花店如果是进出合一的门口，就要保持门口宽敞、通畅，以减少拥挤和堵塞，避免进出花店时顾客相互干扰。如果是进出分开的门口，则应注意花店内通道的走向一定要明确。

3. 展示区设计

展示区是展示花艺作品的重要区域，店主应该根据品牌形象和目标客户的需求进行设计，可以设置展示架、花艺作品摆放区等，以展示花艺作品的特点和风格。同时，展示区应该保持整洁、有序，以便顾客欣赏和选择。

4. 收银区设计

收银区是顾客结账的重要区域，应设置在靠近出口的位置，以方便顾客结账后离开。收银区放有收银台、收银机等，同时可以设置一个等候区，以便顾客在等待时休息。

5. 装饰设计

装饰元素在提升品牌形象和购物体验方面扮演着重要的角色，店主应该根据品牌形象和目标客户的需求进行设计，如设置一些装饰元素或壁画等以吸引顾客的注意力，从而提升顾客的品牌认知度和购物体验。

6. 天花板的设计

天花板的高度要根据营业面积来设定，宽敞的店面要适当高一些，狭窄的店面应低一些。一般而言，一家10～20平方米的花店，天花板的高度在2.7～3米之间；如果花店面积达到300平方米，天花板的高度应在3～3.3米之间；1000平方米的花卉市场，其天花板的高度应在3.3～4米之间。

另外，天花板的颜色也具有调整高低感的作用。有时，并不需要特别把天花板架高或架低，只需改变颜色就可产生调整高度的效果。

天花板的设计以平面为多，一般将吊灯或日光灯等照明设备安置在天花板上，天花板的材料有各种胶合板、石膏板、石棉板、贴面装饰板等。胶合板是最经济和方便的天花板材料，但防火、消音性能差；石膏板有很好的隔热、消音性能，但耐水性、耐湿性差，经不起冲击；石棉板不仅防火、隔热，而且耐水性、耐湿性好，但不易加工。

> **温馨提示**
>
> 对过高的天花板，能够在上面固定丝网或细铁丝（最后要隐藏起来）的，若悬挂上人造仿真藤类植物或干花，则会起到很好的装饰效果。

7. 壁面设计

壁面作为陈列花卉的背景，具有很重要的功能。花店的壁面在设计上应与所陈列的花卉的色彩和内容相协调，与花店的环境和形象相适应，一般有如图1-4所示的四种壁面利用方法。

❶ 在壁面上架设陈列柜，用以陈列花卉，墙壁被柜子挡住了，因此可以不做粉刷或装饰处理

❷ 在壁面上安置展台作为花卉展示处，墙壁固定货架的同时，可作为背景起到衬托的作用

❸ 在壁面上安装简单设备，用以悬挂或布置花卉。悬挂插花作品必须先选择完整或较空的墙面和适宜观赏的高度，插花作品的风格要和店内整体风格一致

❹ 在壁面上张贴POP广告或做壁面装饰。凡是能够悬挂在墙上的优美器物都可，但要留意，饰品的大小与墙面的空间应具有良好的比例协调关系，起到均衡效果

图 1-4　四种壁面利用方法

花店的墙壁不可太过花哨，颜色应以浅色为主，白色、绿色、浅灰色等都可以。有的店主自己动手装饰墙面，既经济又富有特点。

比如，在墙壁的四周围上特色棉布、壁纸、草帘等，或用各种包装用的手揉纸经手揉皱后，用胶粘贴于墙壁上，或在墙面上粘碎砖块儿、鹅卵石等，以创造不同的质感和视觉效果。

8. 货架设计

货架是陈列、展示和销售花卉的主要设施之一，并能容纳和储存花卉，使花卉容易被选择，取放方便。货架有不同的构造、形式和规格。货架设计既要实用、牢固、灵活，便于插花员操作和顾客参观，又要适应各类花卉的要求。制造货架的材料有很多，如木头、金属、塑料、藤、铝合金、角钢等，选择时要考虑花店的环境、风格和货架的价格等。

货架的布置方式会影响顾客的心理感受，设计时应当顺应顾客的购物习惯，并满足其审美要求。据测算，顾客的视线在货架上平均停留的时间为0.6秒，这意味着大部分花卉品种并未引起顾客的注意。为了使顾客更多地购买花店最希望卖掉的花卉品种，也就是获利最大、最畅销的品种，合理地安排货架的位置十分重要。

从顾客的角度而言，对各货架的关注是不一样的，这是由人们的视觉习惯造成的。平视时，视线会在头部与胸部之间移动，这是因为人眼对视轴线成30度以内的物体最容易感知。人们不会在每个货架前蹲下来看下面，或踮起脚来看高于其视线平视的地方，视角的不同会影响花卉在不同层面货架上的陈列方式和数量。花店要充分利用好货架的空间：

① 货架最为引人注意、最具经济价值的位置是货架的促销区，应摆放最易售出的花卉品种，尽量增加陈列数量，以增加销售额。

② 顾客可平视的位置，最好陈列满花卉，不留空间。

③ 顾客需仰视的位置，最好顺应视线陈列花卉，这样可形成立体美感。

④ 对于货架下面的位置，顾客一般不会蹲下来看，因此此层不要堆放太多花卉，将里面的空间用其他物品填满即可。

三、风格设计

根据花店位置、运营模式、档次定位及主要顾客群体的不同，花店可以设计成以下几种风格。

1. 田园风格

田园风格的花店装修（如图1-5所示）是最普遍的。美丽的鲜花缠绕着房屋建筑，再把一些精细的后期装饰融入设计风格之中，更加明显地体现出人们追求舒适的生活氛围。清新自然的田园风格，会给人恬静的感觉。

图1-5　田园风格花店

图示说明：

图1-5中花店采用了回归自然的设计，流露出一股田园气息，整体布局很简单。当然，这只是其中的一角。其特别之处在于美丽的鲜花缠绕着建筑，并将一些精美的饰品融入其中，整个空间因此充满了舒适的生活氛围，这是许多现代人所追求的清新自然、恬静的感觉。

2. 欧式风格

欧式风格的花店装修（如图1-6所示）强调以华丽的装饰、浓烈的色彩、精美的造型达到雍容华贵的装饰效果，但是给人的感觉是淡雅大方，不复杂。

图1-6 欧式风格花店

图示说明：

图1-6中花店的装修，没有过分地强调华丽或浓烈的色彩，只是搭配了一些简单的造型与家具。虽然没有特别雍容华贵的效果，但是却能够让人感觉到整个空间中满溢着淡雅大方的气息。

3. 自然风格

自然风格的范围很广，但是对于花店来说自然是最好的诠释。自然风格的花店装修（如图1-7所示），讲求心灵的自然回归感，给人一种扑面而来的自然清新气息。

图示说明：

图1-7中花店采用了自然风格的设计，其整体用色为原木色。这是对自然的最好诠释，是追求自然回归感人群的最爱，顾客远远地就能感受到一股扑面而来的浓郁自然气息，清新怡人。

图1-7 自然风格花店

4. 韩式风格

韩式风格的花店装修（如图1-8所示）婉约温柔中带着理性，往往给人以唯美、温馨、简约、优雅的印象；柔美的色彩绽放在小巧的空间里，使紧凑的空间拥有灵动的感觉，是一种美的享受。

图 1-8 韩式风格花店

图示说明：

图1-8中花店整体给人很温馨的感觉，柔和的装饰色彩加上各类可爱的布偶玩具共同营造出一种唯美、温馨、简约且优雅的气息。各色花卉绽放在小巧的空间里，让原本紧凑的花店变得灵动起来，顾客走进花店会有一种进入花海般的享受。

案例

××花店翻新改造项目

××花店是一家位于城市繁华街区转角处的老花店，其以精选的花卉品种和贴心的服务在当地享有盛誉。然而，随着周边商业环境的不断升级和顾客审美偏好的变化，原有的店面装修风格逐渐显得陈旧，无法吸引更多年轻顾客的注意。为了重振花店形象，提升顾客体验，店主决定对花店进行全面翻新改造，制订了如下装修方案。

1. 色彩搭配

主要采用温暖色调，如米白色、浅木色、淡粉色等，搭配绿色植物的自然色彩，营造出清新自然的氛围。墙面选择淡雅的壁纸或手绘花卉图案，增添艺术气息。

2. 灯光设计

利用柔和的LED灯光照明，特别是聚光灯和射灯，重点照亮花卉区域，突出花卉的鲜艳色彩和细腻质感。同时，设置一些温馨的地灯和壁灯，营造出温馨舒适的购物环境。

3. 空间布局

（1）入口区：设置精美的花门或花墙作为门面装饰，吸引顾客眼球。入口处设置小型接待区和信息展示区，方便顾客咨询和了解店内活动。

（2）展示区：根据花卉种类和季节变化，灵活布置多个展示台和货架。采用层叠式或悬挂式展示方式，增加空间层次感，同时便于顾客挑选。

（3）体验区：设立一处小型休息区，配备舒适的沙发和茶几，供顾客休息和交流使用。桌上摆放几件精美的插花作品，增加观赏性和互动性。

（4）工作区：合理规划员工工作区域，确保修剪鲜花、包装花束等工作顺利进行。同时，设置储物柜和工具架，保持工作区域整洁有序。

（5）细节装饰：在店内各个角落摆放一些小型装饰品，如花瓶、相框、绿植等，增加空间趣味性和生活感。同时，利用墙面空间悬挂一些花卉摄影作品或艺术画作，提升整体艺术氛围。

经过一个多月的翻新改造，××花店焕然一新。新的装修风格不仅吸引了大量年轻顾客的关注，也提升了老顾客的满意度和忠诚度。店内环境更加温馨舒适，花卉展示效果更加突出，顾客在选购花卉的同时也能享受到愉悦的购物体验。此外，花店的品牌形象也得到了显著提升。

第四节 办理手续，让店铺身份合法

FLOWER SHOP

不管开多小的店，都需要办理相关手续，以确保符合国家法律法规要求和行业标准。为了能够顺利地开展业务，店主应着手办好一应手续。

一、选择经营主体

目前，经营组织形态大体可分为：个体工商户、个人独资企业、一人有限责任公司、合伙企业、有限责任公司和股份有限公司。不同的经营主体，其设立性质与条件、个人责任承担、税收优惠政策及法律责任也不相同，店主可以根据自身的需求和情况选择合适的经营主体形式。同时，建议向有关部门或专业人士咨询，以获取更准确的建议和指导。

二、办理营业执照

营业执照是市场监督管理机关发给企业、个体经营者的准许从事某项生产经营活动的凭证。其格式由国家市场监督管理总局统一规定。没有营业执照的企业和个体经营者一律不许开业，不得刻制公章、签订合同、注册商标、刊登广告，银行不予开立账户。

办理营业执照，申请人须提供本人身份证、营业场所证明等相关材料，向当地市场监督管理部门提出申请。

> **温馨提示**
>
> 自2016年10月1日起，我国实行营业执照、组织机构代码证、税务登记证、社会保险登记证和统计登记证"五证合一"。

三、注册商标

如果想做好自己的品牌，可以考虑注册商标。注册商标可以在全国范围内对自己的品牌进行保护，并增加投资合股的品牌估价。注册商标需要提供营业执照。各地都有商标注册服务公司，也可以选择知名的商标代理网站进行商标注册。

四、开立对公账户

店主在办理好营业执照后，应选择一家合适的银行，准备好相关材料，如身份证、营业执照等，前往银行开立企业账户。店主可根据店铺的具体情况看是否需要办理，如果是比较小的花店，用不上对公账户，前期也可以不用办理。

五、申请发票

一般的花店属于小规模经营，是小规模纳税人，只申请增值税发票即可。

> **温馨提示**
>
> 不同的城市，办理店铺手续所需的证件可能不一样。店主在办理手续时，可先咨询当地相关部门或专业人士，以确保办理手续的准确性和合规性。

FLOWER SHOP
第五节
购买设备，让店铺正常运转

作为专业的花店，必须配备一些关键的设备。设备的使用有助于提高工作效率和产品质量，从而为花店的经营带来更多的利润和商机。

一、花架

花店的展示区是必须要有的区域，不管是花材陈列、作品展示，还是各种辅材存放，都需要有各自的区域来归纳。

花架是展示花卉的重要工具。通过巧妙地布置花架，可以将花卉的特点和美感展现得淋漓尽致，以吸引更多顾客的眼球。选择合适的花架，能够为你的花店增添一份独特的氛围和风格。

店主可结合店面的空间格局与风格，配合花艺作品及花材进行组合展示，营造出一步一景的视觉效果，让顾客得到视觉的享受。

二、工作台

工作台是花店的主要操作平台。包装花束、整理花材时很容易将工作台周边弄得脏乱，所以应该将工作台放在花店相对不显眼的地方。

若花店空间较大，或是花店有沙龙服务的，也可以放在显眼的地方，但一定要随时清理打扫，使其保持干净整洁。

三、保鲜柜

保鲜柜是花店的核心设备之一，其重要性不言而喻。它能够为花卉提供适宜的温度和湿度，确保花卉的新鲜度。一款高品质的保鲜柜不仅能延长花卉的保质期，还能为顾客提供更加优质的产品。

相关链接

鲜花保鲜柜的选择与使用

1. 如何挑选鲜花保鲜柜

（1）根据店铺大小选择保鲜柜类型。

如果店铺的面积小，优先考虑卧式鲜花保鲜柜，可以最大限度地利用空间，保存更多的花材。如果店铺的面积大一些，可以选择直立式保鲜柜，这样可以更好地展示鲜花。

（2）多角度选择鲜花保鲜柜。

① 在购买的时候应该从多个层面考虑：冷柜的外观设计、型号、规格、容积和外部标识等。

② 查询有购买意向的鲜花保险柜的宣传策划材料和品牌的特点。

③ 了解制冷压缩机的品牌和原产地。制冷压缩机是冷柜的核心，影响着冷柜的制冷机特性、噪声、使用期限和耗能等。

④ 了解产品的售后维修服务、销售市场美誉度。选择一个有品质和售后保障的品牌是非常有必要的，后期万一出现问题能够得到及时处理和维修。

2. 鲜花保鲜柜保养注意事项

① 鲜花保鲜柜要远离炉具、暖气片和热源电器。最好是放置在温度低、

通风情况良好的地方，四周要留有适当的空间，让鲜花保鲜柜能够很好地散热。

②在将鲜花放置到保鲜柜时，尽量不要让鲜花触碰到保鲜柜柜壁，摆放不可过于拥挤；柜内各行容器之间、容器与柜壁之间、花与柜壁之间，都要保留一定距离，且摆放时尽可能远离冷气出口。

③每个月都需要定期清洗散热过滤网，以保证制冷效果，并降低电能的消耗和防范保鲜柜出现故障问题。

四、电脑

电脑是现代花店不可或缺的办公设备。通过电脑，店主可以轻松管理订单、客户信息、库存等，提高工作效率。同时，电脑还可以让店主了解市场动态和行业信息，帮助其做出更加明智的决策。

五、收银系统

收银系统是花店的核心收款工具。一套优秀的收银系统能够提供快速、准确的收款服务，为顾客提供便捷的支付体验。同时，收银系统还可以帮助店主管理订单和客户信息，提高工作效率和客户满意度。

六、灭火器

灭火器是花店必不可少的消防设备。有些花卉是易燃物品，特别是干花，一旦发生火灾后果不堪设想。因此，在花店中配备灭火器是非常必要的，可以有效地防范火灾风险，确保员工和顾客的安全。

七、空调

空调是花店调节温度的重要设备。花卉对温度和湿度的要求较高，适宜的温度能够保证花卉的健康生长和新鲜度。使用空调可以有效地调节室内温度和湿度，为花卉提供良好的环境。同时，空调还可以为顾客提供舒适的购物环境，提升顾客的购物体验。

八、花束绑扎机

花束绑扎机是用于制作花束的机器设备。它可以快速、方便地将花材进行绑扎，提高花束制作效率，同时还可以保持花束的美观度和坚固度。使用方法也非常简单，用户只需要将花材放入花束绑扎机中，按下按钮即可完成绑扎。

九、切花机

切花机是专业的切花设备，可以帮助花店快速、高效地完成切花工作。使用切花机可以大量减少人力和时间成本，同时还能够保证切花的质量和规格的一致性，这是花店中不可或缺的设备。

第六节 隆重开业，让店铺深入人心

开业之日是花店正式运营的开始。对于新店的开张，店主应事先做好充分的准备，通过开业庆典仪式活动把花店的品牌形象和服务宗旨广而告之，塑造社会知名度和美誉度，引起各界关注，最终提高花店的知名度和鲜花销量。

一、试营业

试营业是重中之重，花店可通过试营业来确定店内的工作流程、人员服务、产品种类、店内环境、线上引流等是否适应市场，还能观察周边客户的消费兴趣、消费习惯，并为正式营业提前造势。

试营业时间不宜太长，时长跨度为一周即可。在试营业期间，店员应尽量加到客户微信；保持热情、友好的态度很重要，要确保每位员工都具备热情、耐心、专业的服务态度，要让客户对花店有好印象，再配合活动优惠，客户消费就水到渠成了。

二、正式营业

试营业结束之后就正式营业了。

那么，我们该如何策划开业活动呢？具体可参考如图1-9所示的三个要点。

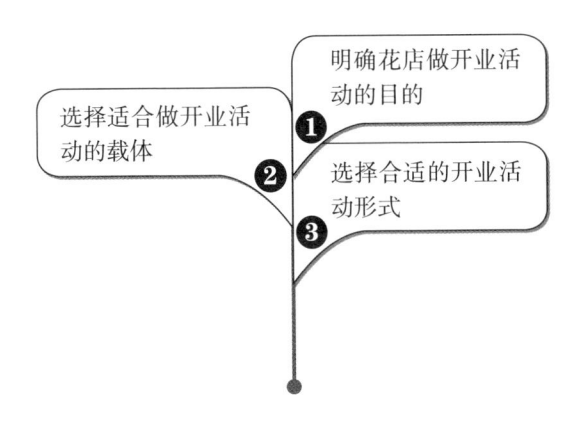

图1-9 策划开业活动要把握的三个要点

1. 明确花店做开业活动的目的

花店开业最重要的目的是广而告之，表示我已开门营业、我是做什么的、我可以提供哪些很棒的商品和服务，这三方面是开业活动的核心。所以策划开业活动，首先要明确自己店铺的商品定位，是以花束、花篮等产品为主，还是以绿植盆栽、鲜花零售批发为主。不同的商品类型所面向的客户群体不一样，策划开展的活动也不一样。

2. 选择适合做开业活动的载体

做开业活动不仅是让顾客知道花店开张，还需要通过引流和客户建立起联系，所以活动需要一个甚至多个合适的载体。

规模大的花店，可以选择一些专业化程度高的线上渠道，如官网或店铺的网上商城，专业的微信公众号也是不错的选择；规模小的花店，用微信小程序、微信朋友圈也可以。

3. 选择合适的开业活动形式

开业活动的形式有很多，总的来说可以分成如表1-1所示的三大类。

表1-1 开业活动形式分类

类型	具体说明	优点	缺点
吸粉类	开业就应该简单粗暴，扩大宣传范围，吸引更多人的关注，博取更多人的眼球。常见的有扫码关注赠送礼品、转发赠送礼品、做任务（类似集赞）赠送礼品等	宣传效果明显，获取粉丝速度快	客户群体不精准，转化率低
促销类	常见的是提供折扣、优惠券、代金券，开展联合活动，商家之间互动等，这也是开业或者平时开展活动较为常见和操作简单的方式	资金回笼速度快，客单成交率高	利润低，客户忠诚度不高
预售类	预售类在开业活动中较为少用，更多是用在节日或配合促销使用	能根据预售情况提前准备物料和人员，也能对市场的热度有较好的把握	需要花较多时间准备，成本相对较高

相关链接

花店常见的开业活动

1."满减满送"活动

"满减满送"活动很老套，但依然有很多人喜欢，因为这类活动在顾客看来是切合实际的，而且执行起来也简单容易。

2."连环打折"活动

连环打折，是开业活动中吸客最快、吸客效果最明显的一种方式。常见形式是第1天五折、第2天六折、第3天七折……

这样的打折确实能在短时间内吸引到足够多的人气，毕竟越早来越便宜。但需要考虑开业初期，店铺的承受能力有多大。

3."会员卡充值送"活动

对于大多数花店来说，前期的开业筹备阶段会消耗一定的资金。开业初期往往处于资金匮乏阶段，那么"会员卡充值送"活动不仅能吸引人气，还是不错的筹集资金方式。

"充多少送多少"虽说类似于五折,但是通过充值能筹集资金用于周转,还能带来回头客。至于能不能吸引消费者充值,还得看活动力度和产品品相。

4. "集赞转发赠礼"活动

"集赞转发赠礼"也是现在常用的一种开业活动。如果送的礼品诱惑力足够大,相信还是有不少顾客愿意参与其中的。

对于花店,此活动可以在开业之前就作为预热活动举行,到开业时,顾客可凭手机朋友圈集赞实图到店领取礼品。这样"一传十,十传百"的营销策略,仅仅只花很少的宣传成本,就可能换取到比较大的成效。

5. 入门有喜

凭宣传单进店可领取小礼品一份,如小花束、干花花束、小挂件等(尽量保证小礼品带有本店logo)。

6. 抽奖活动

凡开业7天内在本店一次性购物满30元,凭购物小票可参加抽奖活动。

7. 与周边店铺合作

加强与奶茶店、甜品店、美容店、美甲店、餐饮店等周边店铺的合作,可设置一定门槛,承诺进店消费满多少元,赠送周边店铺价值多少元的代金券。

第二章

鲜花采购

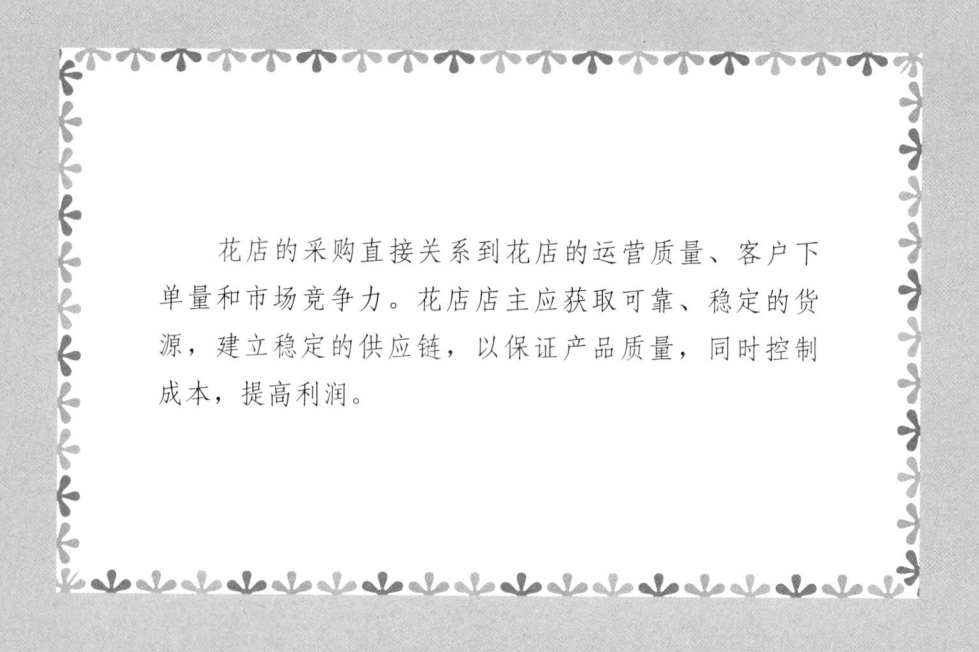

花店的采购直接关系到花店的运营质量、客户下单量和市场竞争力。花店店主应获取可靠、稳定的货源，建立稳定的供应链，以保证产品质量，同时控制成本，提高利润。

第一节
多方了解，获取货源信息

采购鲜花一定要选择优质的货源，这样才能确保为顾客提供新鲜的鲜花，凭借丰富的品类、合理的价格、优质的服务，就可以获得广大消费者的认可与支持。

一、获取进货信息的途径

作为店主，必须及时敏捷地把握花卉市场信息和其发展趋势，从中获取花店的进货信息。一般来说，获取进货信息主要有如图2-1所示的五种途径。

获取进货信息的途径：
1. 通过市场分析获取进货信息
2. 通过店员获取进货信息
3. 通过同行获取进货信息
4. 通过各种节日获取进货信息
5. 通过季节获取进货信息

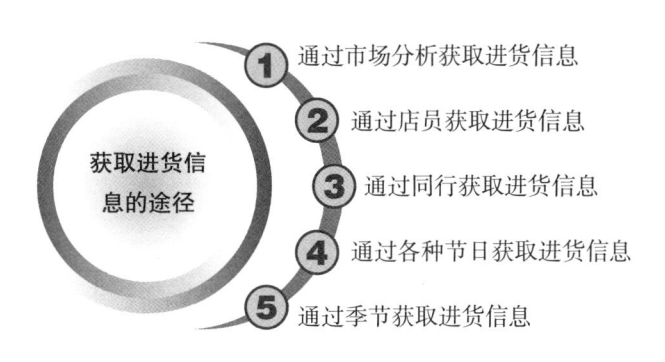

图 2-1　获取进货信息的途径

1. 通过市场分析获取进货信息

无论做哪一行生意都有市场流行趋势。如服装行业在每个季节都有流行款式和颜色，花卉市场也如此。新花材每年层出不穷，顾客一般具有从众心理，因此了解花卉市场的流行趋势对经营花店来说是相当重要的。

2. 通过店员获取进货信息

花店的店员是最好的进货信息来源之一。由于店员每天都在与形形色色的顾客接触，在交谈中就能获得许多顾客的要求和意见等信息，从而了解到哪种花卉畅销，顾客对花卉品种有什么新的要求等，这些都是鲜花店宝贵的进货信息。

3. 通过同行获取进货信息

都说同行是冤家，其实不尽然。同样是做花卉生意，大家所了解的花卉信息不尽相同，如果能够集思广益，互相探讨，那么进货的信息就广而全，就更有利于鲜花店的经营。

4. 通过各种节日获取进货信息

节日是花卉销售的旺季，因此每个节日到来之前一定要做好与节日有关的鲜花采购工作，如情人节就要大量进购各种玫瑰以满足顾客需求。

5. 通过季节获取进货信息

花卉是季节性较强的商品，不同的季节流行的花卉品种也不同。如春季流行暗香飘动的梅花、国色天香的牡丹；夏季流行茉莉、栀子花等；秋季流行傲骨迎霜的秋菊、丹桂等；冬季流行蜡梅、圣诞花等。

进货信息的掌握情况直接影响花店的经营状况和收入，所以花卉的进货信息要随时随地获取，并有计划地安排花卉进货。

二、鲜花的进货渠道

在寻找供货商时，要权衡花卉供货商与鲜花店距离的远近。从经济方面考虑，应尽量节约花卉进货的运输费用，以提高经营利润。一般来说，鲜花的进货渠道有以下几种：

1. 全国各大花卉批发集散地

花卉批发集散地是最理想的供货场所，它们经营各种花材，是鲜花店的首选供货商，且花卉品种齐全，时间上比较灵活，能准确地把花卉配送到客户手中，在运输、保管、包装、装卸方面都比较完善。

如果你的花店规模比较大，而且档次比较高，可以跟国内一些大型鲜花生产基地合作，比如说昆明就是全国知名的鲜花生产基地，这里生产的鲜花种类很多，直接合作还能节省掉中间代理商赚取的差价，成本比较低。

> **温馨提示**
>
> 跟国内大型鲜花生产基地合作的前提是花店规模要足够大，或者是有多个分店，可以消化足够多的鲜花，因为从大型鲜花生产基地单次进货的进货量是很大的。

2. 本地花卉批发市场

鲜花店进货的环节越少越好，这样能节约很多资金。从本地花卉批发市场进货是最理想的花卉进货方式。鲜花店在进货时要注意的是，若能从一级供货商处进货，就不要从二级、三级供货商那里进货。

（1）批发市场进货的优劣势。

批发市场进货的优劣势如图2-2所示。

优势	劣势
产品的种类很多，批发商也有很多，不管你是想要高档的鲜花还是低档的鲜花，都能找到合适的	同样的产品，在价格和质量上差别很大，需要掌握很多鲜花批发商供货的价格资料，经过货比三家，才能选择性价比最高的

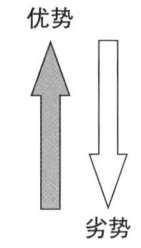

图 2-2　批发市场进货的优劣势

（2）批发市场进货的注意事项。

当你选择从鲜花批发商那里进货时，要注意不同商家代理的商品质量会有差异。

比如，张三代理的百合质量很好，而且款式也很多，但是玫瑰的质量和种类就差一点，而李四则是代理玫瑰上比较专业，而代理百合就次一点。

这样的话就选择跟两者都合作，选择他们各自质量最好的产品，并且将这些批发商慢慢地发展成为长期稳定的合作伙伴，这样就能慢慢地解决货源问题，把更多的精力放在花艺和销售上。

> **温馨提示**
>
> 在确保花卉品种齐全、质量过关的前提下要就近进货，尽量减少运输费用，降低鲜花店的经营成本。

3. 本地花草苗木种植园

花草苗木种植园是花卉培植基地，一般生产的都是比较常见的鲜花，鲜花的种类也比较单一，但是价格要便宜很多，而且新鲜度也有保障。

如果是在情人节等节日用花需求大增的时候，就近跟这样的花草苗木种植园合作，可以很好地满足销售需求。

4. 花卉网站

现代社会是信息化高度发达的社会，店主在寻找花卉供货商时要充分利用网络。规模较大的花卉市场都会有网站，上面会介绍花卉品种等多方面的信息。通过其网站可有一个初步的了解，也可从中选择合适的供货商。

相关链接

中国主要花卉种植产地

1. 云南省昆明市

云南省昆明市有斗南花卉市场和国际花卉拍卖交易中心两大鲜花生产基地，主要出产玫瑰、康乃馨、百合、非洲菊、满天星、情人草、勿忘我等几十个品种的鲜花。

2. 广东省广州市芳村

广东省广州市的芳村素有"千年花乡"的称号，花卉种植面积达到600多公顷，主要出产菊花、剑兰、玫瑰等，已经形成了观叶植物、绿化苗木、盆景、盆花、鲜切花、兰圃等花卉产业，属于我国农业创新实践的先行区。

3. 江苏省常州市夏溪

江苏省常州市夏溪的花木市场建于1994年，是我国花卉生产基地经营时间最长的市场。养殖的花卉品种超过1800种，种植总面积超过133公顷，创建了综合型一站式交易平台，属于我国农业产业化的龙头企业。

4. 天津市滨海新区

天津市滨海国际花卉科技园属于农业产业化的新兴企业，生产的花卉主要用于园林建设、公园绿化，以及景区美化。它的种植面积超过226公顷，培养的花卉品种有百合、郁金香、牡丹、杜鹃等。

三、网上采购鲜花

随着电商的发展，越来越多的鲜花店选择从网上进货。网络选购极大地增加了进货渠道来源，提高了进货效率，可以从全国各地的花农和批发商手中选购到自己需要的品种。但是，网络选购的花卉在品质、价格、配送和服务等方面的问题也需要注意。

1. 品质

店主在选择供货商时，一定要仔细查看其资质、信誉度和口碑等，确保其能够提供优质的鲜花产品和服务。

2. 价格

店主在选择供货商时，一定要进行价格比较，选择性价比最高的供货商。同时，也要注意避免由过于追求低价而导致产品质量下降的问题。

3. 配送

为了保证鲜花的新鲜度和质量，一定要选择配送速度快、物流体系完善的供应商。

4. 服务

一定要选择服务态度好、售后有保障的平台。

第二节 掌握方法，采购合适鲜花

店主需要具备一定的专业知识，了解不同品种、品质和价格的鲜花的特点。在采购过程中，要结合市场需求、库存情况和供应商报价等因素，选择合适的采购时机和品种。

一、鲜花采购要点

鲜花的采购对花店来说非常重要，因为店里花材是否新鲜决定了顾客满意度和经营成本的高低。

1. 新鲜度的鉴别方法

到花市去选购花材的时候，除了要注意花材的开放程度，还要注意花材的新鲜程度，因为它关系到插花作品寿命的长短。花材的新鲜度可通过如图2-3所示的方法来鉴别。

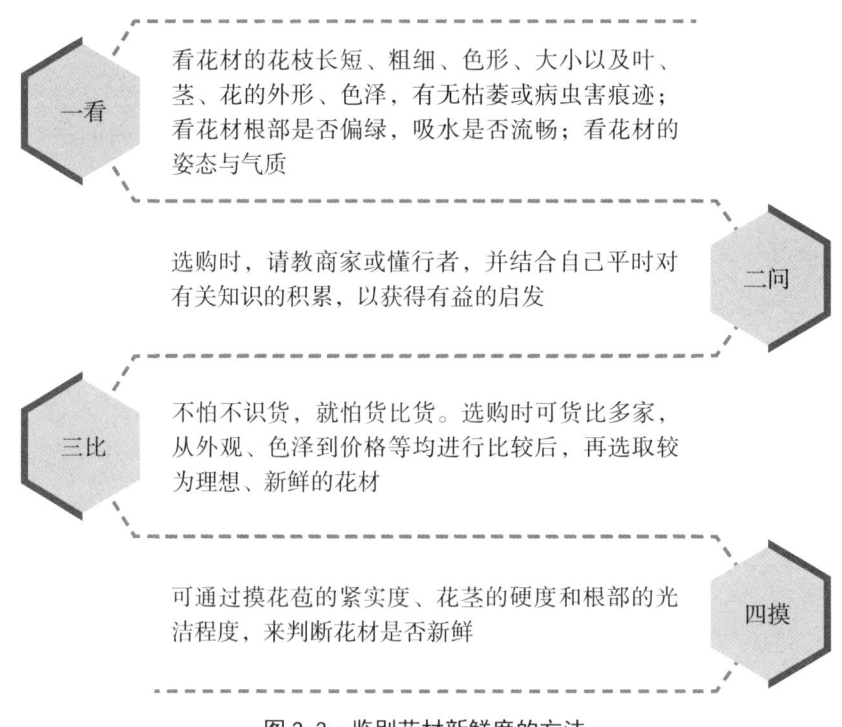

一看：看花材的花枝长短、粗细、色形、大小以及叶、茎、花的外形、色泽，有无枯萎或病虫害痕迹；看花材根部是否偏绿，吸水是否流畅；看花材的姿态与气质

二问：选购时，请教商家或懂行者，并结合自己平时对有关知识的积累，以获得有益的启发

三比：不怕不识货，就怕货比货。选购时可货比多家，从外观、色泽到价格等均进行比较后，再选取较为理想、新鲜的花材

四摸：可通过摸花苞的紧实度、花茎的硬度和根部的光洁程度，来判断花材是否新鲜

图 2-3　鉴别花材新鲜度的方法

2. 鲜花采购标准

如果选购回来的花材花期短，很快就会萎蔫，到时只能扔掉，这既增加了采购的频率，又浪费了金钱。因此，店主在选购鲜花的时候要注意以下几点：

① 花瓣要有弹力，颜色应鲜艳，没有变焦黄。
② 花萼充实，花瓣繁多，花朵才会开得茂盛。
③ 花蕾不能太实，否则可能出现"不开"的现象。

④ 叶子要青绿、坚挺、繁密而有弹性，花卉才营养充足。
⑤ 花茎尾部必须硬，选择时要取茎尾没有腐烂迹象、无腐臭气味的。
⑥ 花形不宜过小，过小是由于除去了外围残缺的花瓣。
⑦ 同一种花材，最好选取有花蕾又有大花的，这样开出来的花才能长时间保持丽质。
⑧ 花茎不宜过短，否则可能因长度不足而使插花过于细小。

3. 部分鲜花的判别标准

除了有大致相同的选择方法以外，在具体选择下列花材的时候还可以有一些独特的鉴别方法。部分鲜花的判别标准如表2-1所示。

表2-1　部分鲜花的判别标准

序号	鲜花品种	判别标准
1	玫瑰	花朵尚未开放，充实有弹性，花瓣微外卷，花蕾呈桶形
2	剑兰	露色花苞较多，下部有1~2朵花开放，花穗无干尖、发黄、弯曲现象
3	菊花	叶厚实、挺立，花朵半开，花心仍有部分花瓣未张开
4	康乃馨	花半开，花苞充实，花瓣挺实无焦边，花萼不开裂
5	扶郎花	花瓣挺实、平展、不反卷，无焦边、落瓣、发霉现象
6	红掌	花片挺实有光泽、无伤痕，花蕊新鲜、色嫩、无变色、未变干
7	兰花	花色正，花朵无脱落、变色、变透明、蔫软现象，切口干净，无腐败变质现象
8	百合	茎挺直有力，仅有1~2朵花半开或开放（因花头多少而定），开放花朵新鲜饱满，无干边
9	满天星	花朵纯白、饱满、不变黄，分枝多、盲枝少，茎秆鲜绿、柔软、有弹性
10	勿忘我	花多色正，成熟度好、不过嫩，叶片浓绿不发黄，枝秆挺实，分枝多、无盲枝，如有白色小花更好
11	情人草	花多而密集，花枝柔软有弹性，枝形舒展，盲枝无或少，如有较多淡紫色开放的小花最好
12	郁金香	花为钟形，饱满鲜润，叶绿而挺实、不反卷
13	黄莺	叶绿，花黄，花含苞，花穗饱满，茎挺直，叶新鲜不干、不蔫软

> **相关链接**

常见鲜花选购要点

1. 玫瑰选购要点

① 花苞：花瓣未折伤、无水伤，花苞结实饱满且有弹性，绽放两三成的为佳。

② 花茎：挑选花茎强健直挺，且切口干净无褐化现象的。

③ 叶片：留意叶片是否洁净翠绿、无枯黄和虫咬现象，叶片若有灰霉病或白粉病则品质较差。

2. 百合选购要点

① 花苞：花苞大、饱满，无折伤，朵数以3～4朵，花开一两成为佳；外观需有着色，若颜色非常深绿，代表成熟度不够，可能不会开花。

② 花梗：花梗粗，长而直挺。

③ 叶片：叶片完整、青翠，对称生长，无枯黄和虫咬现象。

3. 非洲菊选购要点

① 花苞：花苞大，花瓣及花形完整无掉瓣，花瓣外缘无枯黄现象，花色鲜明。

② 花茎：无病虫害痕迹，花茎粗直硬挺，没有萎软折伤，吸水性较佳。

4. 大菊选购要点

① 花苞：花苞饱满，花开四五成为佳。

② 茎叶：花茎挺直，叶片完整、无干枯腐烂现象。梗弯代表品质不稳定，属次级品。

5. 火鹤花选购要点

① 花苞：苞叶饱满完整不卷曲、肉穗花序无黑点且色泽鲜艳。

② 花茎：花茎坚实直挺不弯曲、没有斑点。选购时，留意保鲜管里的水是否是满的，且看花茎在水中是否呈现饱满干净的状态；若水只剩一半，花茎腐烂，代表花材已经进货有一段时间了。

6. 洋桔梗选购要点

① 花苞：花苞数多，单枝在3个以上，且硕大、花色鲜明，开六七成为佳。

② 茎叶：茎叶粗硬直挺，叶色鲜绿，无损伤、折伤、病斑，叶左右对称完整为佳。

7. 蝴蝶兰选购要点

花梗长、花朵数量多、花形平整、花色鲜润、花瓣厚实为佳。如果花瓣表面有皱褶，代表已快凋谢。

二、鲜花采购需考虑的因素

花店的经营项目以鲜花及花艺作品为主，以礼品和人造花等其他商品为辅。鲜花的生产、销售和保鲜受外界因素的影响相当大，店主在采购鲜花时要考虑以下因素。

1. 季节的变化

季节的变化是影响花店经营的重要因素之一。

就北方地区而言，冬季鲜花生产困难较大，需要做加温和保温处理，投入比较高，有时不得不从南方辗转进货，所以鲜花的批发价较高。虽然一般这时鲜花消费量比较大，销售利润也很可观，但是需要较多的流动资金支持。而夏季鲜花生产容易一些，投入也小一些，生产成本就降下来了，花价也相对低，不过因为气温高，增加了保鲜的难度，鲜花报损率较高，经营成本不见得能够同时降下来。那么，怎样把握进货量呢？

在季节转换时，可以遵循这样的进货原则：由夏季向秋季过渡，一直到初冬这段时间，花价呈上涨趋势，因此每次进货可以考虑比正常量增加5%～10%；而由冬季向春季过渡，一直到初夏这段时间，花价呈下降趋势，可以采取适当增加进货次数、每次减少进货量的方式来降低进货成本。

2. 节日的影响

鲜切花行业的销售高峰期总是集中在全年中的各个节日前和节日期间。对花店零售额有明显影响的节日一年有15～20个，其中既有我国的传统节日如春节、清明节、中秋节、重阳节等，也有西方节日如情人节、母亲节、圣诞节等，还有其他一些法定节日，如国际劳动节、国庆节等。甚至一些民俗中的特殊日子，如"鬼节""送灶"等，对花店的销售情况也有不小的影响。

虽然不同的节日都会使花店的销售额有所上升，但其影响程度是不一样的。

比如，春节、情人节、中秋节和圣诞节等，可能给花店带来比平日高数倍甚至数十倍的营业额；而母亲节、父亲节等，只是使花店的生意比平时略好一些而已。

另外，有些节日可使花店内经销的许多种商品（各种鲜切花、礼品和绢花、干花）的销售额都有所增加，而有些节日却只影响其中的某几种商品。

比如在情人节期间，鲜切花销售量最大的一般是玫瑰；而母亲节时，销售量最大的将会是康乃馨。

因此，了解各个节日对花店经营的影响是非常必要的，应当根据自己店内平日的销售情况，预测不同节日里的销售前景，估算鲜切花的需求量，以便合理地安排进货。同时也要考虑好以下几个方面：

① 安排进货时，不能单纯考虑进花量的增多，还要考虑因为鲜切花需求量的增大，其批发价也会有所浮动；考虑是否要将进花日期提前，尽可能减少因涨价而增加的成本。

② 考虑增加了进花量之后，是否有储存这些鲜切花的能力，是否有把握使鲜切花不会因保鲜措施跟不上而报损。

③ 节假日期间，还应当考虑店内是否需要增加人手，以免到时面对一大堆鲜花和很多顾客，却因缺少帮手而无力将商品及时销售出去。

3. 本地的重大活动

季节和节日对花店经营状况的影响是很大的，而对地处某一特定位置的花店而言，区域性的重大活动也会对其经营状况产生一定的影响。

所谓区域性的重大活动，是指在花店所在的地区内，由政府、大中型企事业单位或机构组织的庆典、会议、展览、促销及民俗庆祝活动等，比如开业庆典、展销会、艺术节、庙会等。

这些活动的组织者或参与者一般都会寻找一两家礼仪公司负责现场布置和活动的整体策划等工作，其中经常会涉及花卉装饰。有的组织者或参与者也可能直接委托花店来完成这项工作。

重大活动的花卉装饰主要包括庆典花篮、迎宾插花、贵宾胸花、会场花卉装饰布置等。

对中小型花店来说，承接这种活动的花卉装饰布置，是增加销售量和获取较大利润的好时机。店主应当对这类活动特别注意，随时搜集有关信息，尽量不放过这样的机会。不过这一类活动对花店的实力和花艺制作水平也有较高的要求。

大型活动一般花卉用量大，花艺制作的工作量也就大，而留给承接工作者的准备时间往往很短，且通常需要到现场加班加点地突击工作。

因此，若想承接这样的业务，就需具备如图2-4所示的三个条件。

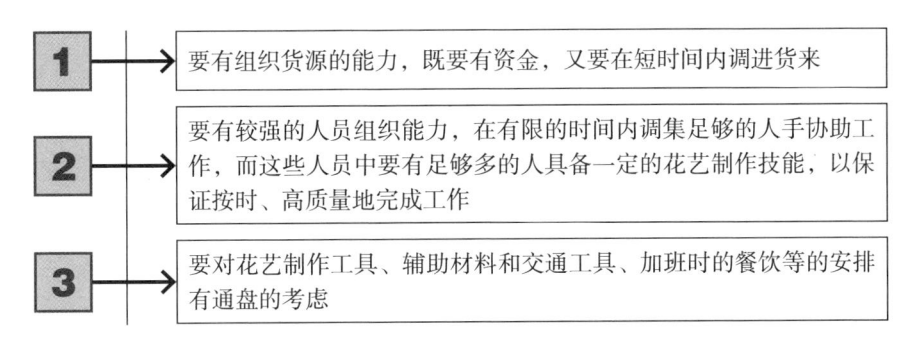

1 → 要有组织货源的能力，既要有资金，又要在短时间内调进货来

2 → 要有较强的人员组织能力，在有限的时间内调集足够的人手协助工作，而这些人员中要有足够多的人具备一定的花艺制作技能，以保证按时、高质量地完成工作

3 → 要对花艺制作工具、辅助材料和交通工具、加班时的餐饮等的安排有通盘的考虑

图 2-4　承接大型活动花艺制作需具备的三个条件

三、鲜花采购的注意事项

由于鲜花的保鲜期非常短暂，采购时稍有不慎，就可能对花店后期的经营造成非常不利的影响。因此，在采购时，店主需注意如图2-5所示的五点。

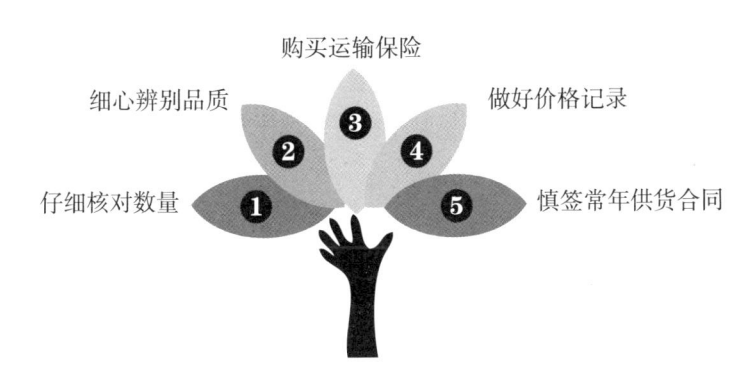

购买运输保险
细心辨别品质　　　　做好价格记录
② ③ ④
仔细核对数量 ① ⑤ 慎签常年供货合同

图 2-5　鲜花采购五点注意事项

1. 仔细核对数量

"夹条"是花市上非常常见的现象，指的是在一扎花中间夹上一两枝枝条特别短的花，甚至是把已经掉了的花头再用胶布绑在枝上，特别是像扶郎、玫瑰这样的花，常会发生这种现象。

这是供货商在采摘或者运输过程中不小心损坏了花，却想把损失移嫁到花店身上而用的手段。店主在花价不菲、时间又允许的情况下，最好能从根部数枝条，然后与花头数对照，就能识穿上面的诡计，避免遭受不必要的损失，如图2-6所示。

图2-6 正常玫瑰与"夹条"玫瑰

2. 细心辨别品质

花不够新鲜也是让店主们头疼的事情。在鲜花旺季来临前，供货商知道花价定会上涨，于是就会将新采摘的鲜花放入冷库中囤积。而冷藏过的鲜花，花期较短，颜色易变淡，不耐久放。识别冷库花，可以靠一双慧眼仔细观察。

比如，冷库花的花蕊（尤其是康乃馨的花蕊）中会有较明显的水珠，而冷藏过的玫瑰则会烂瓣。

另外，用手试着捏捏花头，如果感觉不饱满、硬度差，就有可能是久放的鲜花。

3. 购买运输保险

鲜花在运输过程中也存在风险，短途运输的提货很容易出问题，比如漏提货或是拿错货。如果花店与运输方签订的合同不够正规，出了问题就很难追究对方的责任，有损失也只能自己承担。如果日常经营中屡次遭遇这样的事情，长此下去也会给花店带来不小的损失。

因此，为了避免这种损失，店主可以为货品购买保险。无论采取哪一种运输方式，都可以到保险机构或保险代理机构办理保险。

4. 做好价格记录

在规避采购花材中可能会遇到的风险后，接下来就要考虑花材的进价。对于店主来说，应做好花的价格记录，随时掌握花价信息，研究市场花价起伏规律，从而掌握销售的主动权，这样才能在日常经营中获得尽可能多的利润。

5. 慎签常年供货合同

大中型花店看重独家产品和优质产品，常会放弃从本地市场进货，而直接找知名企业或鲜花基地进货。一旦找到好产品，欣喜之下就会与对方签订常年供货合同。大部分供应商在淡季都能保证供货，这时虽然市场上有丰富便宜的花材可选，但花店也会甘心承受合作方的高质高价，为的是旺季来临时能出奇制胜。然而，到了旺季，供应商就有可能在产品供不应求的情况下，只重视大客户，而轻视小客户，停止或减少向单体花店供货，此时花店可能会面临缺货问题。

因此，店主在平时应多结识一些供货商，以便在急需进好花的时候可以与对方交易。

第三节
明确需求，采购必需辅材

经营花店，除了要采购花材外，还要根据不同花卉的属性，按需采购一些常用的花器及辅助品，这样才能为顾客提供优质的花卉产品和服务。

一、花桶和花瓶

花桶包括铁皮花桶、塑料花桶等，一般是用于花材分类养护及展示，高度在30~45厘米之间的比较好用。此外还需准备两三个超大的塑料桶，花材到货时用于养护。

花瓶包括玻璃瓶、陶瓷瓶等，主要用于瓶插花展示，选购简洁、易清洗且不易过时的款式为佳。

花瓶可以分为两类，第一类是用作装花店卖的花的器具，让客人可以方便地挑选，这些花瓶的颜色最好跟花店的装修风格相匹配；第二类花瓶是可以销售的，它们可以是各式各样的，放在店内可插制成花艺作品一并销售或直接销售。

二、包装纸

包装纸是制作花束作品必不可少的材料，目前比较流行的包装纸有韩素纸、雪梨纸、牛皮纸、雾面纸、玻璃纸、网纱和卡纸等。尽量选择黑、白、灰、浅粉、浅蓝色系，避免使用色彩饱和度过高的或者有夸张图案的包装纸。

相关链接

花束包装纸大全

1. 牛皮纸

牛皮纸本身具有复古自然色调，加上着色后的色彩，能够呈现出与众不同的效果，因此特别适合田园风、森系或文艺感的花束设计（如图2-7所示）。

图 2-7　牛皮纸

2. 雾面纸

雾面纸像雾花一样，有朦胧的感觉，给人一种别样的美感，同时能展现出花束高贵优雅的质感，加上其纯正的颜色，绝对是包花束的首选（如图2-8所示）。

图 2-8　雾面纸

3. 韩素纸

韩素纸与雾面纸最大的区别是，雾面纸一面有磨砂的颗粒感，而韩素纸两面都是光滑的（如图2-9所示）。

图 2-9　韩素纸

4. 玻璃纸

光滑明亮的玻璃纸柔软强韧，用于花束的外围包裹，可增强花束的时尚感；用于单枝鲜花打底，可提升鲜花的光泽度，起到提亮的效果；同时玻璃纸还可以作为鲜花底部的防水层使用，兼具美观、实用功能于一体（如图2-10所示）。

图 2-10　玻璃纸

5. 雪梨纸

雪梨纸其实就是我们日常临摹硬笔书法的拷贝薄页纸，因其用于包裹雪梨而得名。雪梨纸揉一揉会有蓬蓬的效果，给人一种特有的空气感，会使花束显得更加柔和、更具立体感，适合打底层用（如图2-11所示）。

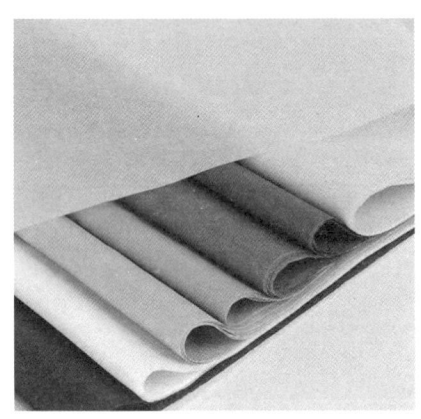

图 2-11　雪梨纸

6. 网纱

网纱因其纱质材料而给人一种仙气飘飘的感觉，不管是白色的还是黑色的，都能给花束增加浪漫梦幻和神秘缥缈的感觉，同时其简约而不简单的设计，会让人眼前一亮。网纱适合作为最外层的装饰（如图2-12所示）。

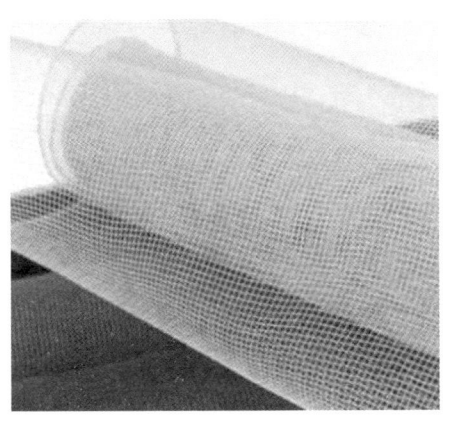

图 2-12 网纱

7. 巴黎纸

巴黎纸因其独特的材质而具有不易撕破的特点,同时其简单的条纹图案,可以使花束更显高档和美观,也能体现花纸的质量(如图2-13所示)。

图 2-13 巴黎纸

8. 圆舞曲纸

圆舞曲(华尔兹)起源于奥地利和德国南部的民间舞蹈,后经维也纳宫庭的改良,发展为欧洲主流社交舞曲,给人热情、浪漫和欢快的感觉。圆舞曲系列的同心圆包装纸,亦如舞动的裙摆,伴随鲜花的甜美,为花艺爱好者传递最美好的祝福。圆舞曲纸是近段时间比较流行的包装纸,它走出了方形的概念,让圆弧线条成为包花纸的浪漫示范，它柔美和富有曲线感，能够给花束设计带来灵感，适合作为外部装饰（如图2-14所示）。

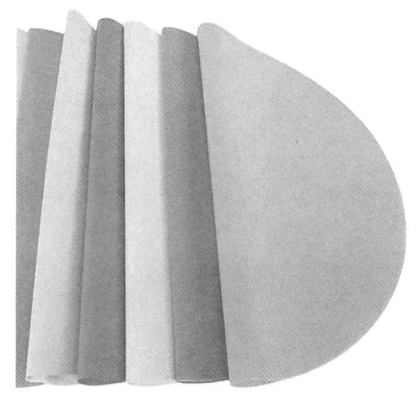

图 2-14　圆舞曲纸

9. 麻片

麻片不像棉布那样平滑，其纤维强度高，不易撕裂和戳破，具有生动的凹凸感，性价比高，与鲜花搭配可形成质感上的对比，适合外部打底（如图2-15所示）。

图 2-15　麻片

10. 麻麻纸

麻麻纸图案中的细点和边框的颜色使得用其包花束时，无论线条置上或者置下，均能轻松塑型，置左或者置右，均能明确分割层次。倡导英伦风的时尚别致的麻麻纸，随意地搭配，包出来的花束就能给人不一样的感觉（如图2-16所示）。

图 2-16　麻麻纸

11. 甜筒纸

甜筒纸一般是双面印刷的，厚度较大，用来包花束，其外形和市面上卖的冰激凌花筒的外包装相似度极高，可以达到以假乱真的效果。相比普通包装纸包出来的花束，用此款包装纸包出来的花束更有冰激凌的感觉（如图2-17所示）。

图 2-17　甜筒纸

12. 凌宣纸

凌宣纸相比其他包装纸而言，纸张厚实，而且韧性好。加上其简约的条纹图案，使花束显得更加高档（如图2-18所示）。

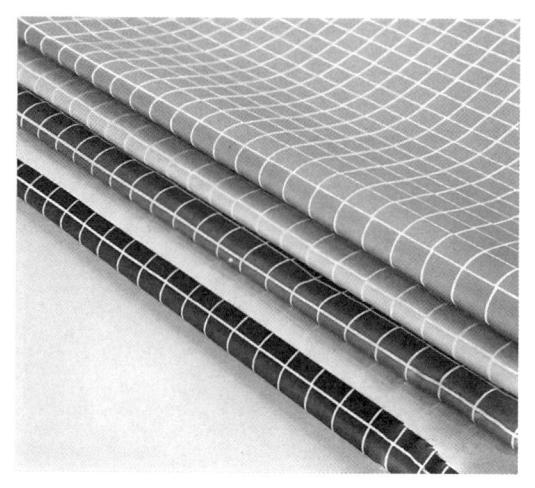

图 2-18 凌宣纸

13. 欧雅纸

欧雅纸呈现出浓厚的欧式风格,华贵而不失柔美。欧雅纸光滑明亮,既能对花束进行独立包装,又能与各式纸张搭配,提升花束的层次感和光泽度,同时也能保护花朵。特殊的材料和制造工艺使得这款包装纸具有很好的防水功能(如图2-19所示)。

图 2-19 欧雅纸

14. 棉纸

棉纸有细致的镂空花纹,是柔和的纤维材质,色泽质朴而不华丽,搭配纯色,显得简约时尚,加上镂空的质感,细腻顺滑,宛如触摸肌肤,让触感在指尖流转（如图2-20所示）。

图 2-20 棉纸

15. 牛油纸

牛油纸的颜色清新淡雅，色泽质朴而不华丽，加上自然呈现的纸张纹理使得纸摸起来细腻而富有手感。其有适当的柔韧度和厚度，以及超强的防水性，撕不烂、揉不破，细腻顺滑的磨砂质感和丝缎般的触感，非常适合包装花束，给人一种沉稳大气、低调奢华的感觉。而且由于其采用的是高品质原生木浆，具有一定的光效性，能够展现出细腻朦胧的质感，绝对是包装界经久不衰的潮流用纸（如图2-21所示）。

图 2-21 牛油纸

16. 瓦楞纸

瓦楞纸又称素色牛皮纸，其纯色艳丽的外观在光线的映射下斑驳璀璨，简约时尚，凹凸的做工让纸张显得更有挺度，加上层层递进的纹路使花束更富有层次感。但是瓦楞纸比较脆，容易破，所以包花束的时候要小心一点。瓦楞纸也是花店常用的一款包装纸（如图2-22所示）。

图 2-22　瓦楞纸

17. 彩宣纸

彩宣纸主要用于包装单面花束，花纹颜色多样，容易包装，是一种常见的包装材料（如图2-23所示）。

图 2-23　彩宣纸

18. 花影纸

花影纸是改良后的柔胶纸，防水性好，任捏不破，有顺滑光洁的纸面效果、细腻的色彩展现、轻巧的滑面手感。花影纸可为独枝或者多枝花朵的包装定制尺寸，单张或者多张的组合叠加，尖角或者圆弧的造型，完全可自由掌控，给花束带来更多的创作空间（如图2-24所示）。

图2-24 花影纸

19. 英文报纸

英文报纸常用于单面或者圆形花束包装，常见材质有白牛皮纸、原色牛皮纸、卡通小熊印花牛皮纸等（亦可搭配韩文报纸增加文化趣味）。其复古的咖啡色搭配黄色的向日葵，给人积极向上的感觉。简单而又实用的英文报纸是花店非常受欢迎的包装材料之一（如图2-25所示）。

图2-25 英文报纸

三、鲜花保鲜用品

鲜花保鲜用品是花店必备的，能够为花卉提供更加专业的保养和维护，确保花卉在运输和销售过程中的新鲜度和品质，如营养液、鲜花保鲜剂等。使用鲜花保鲜用品可以大大提高顾客满意度，为花店赢得更多口碑。

四、辅材

1. 工具类

常用的有花艺剪刀、枝剪、透明胶带、胶条车、打刺钳、美工刀、花泥、喷水器等。

花艺剪刀建议买质量好的、大一点且比较锋利的。每家花店最好多准备几把剪刀和小刀，要保持刀的锋利。由于每个人的用刀习惯不同，所以先要试一下刀再买，买的时候要选一个适合自己用的型号。

花泥的种类有很多，一般分两类：干花花泥和鲜花花泥。一般经济条件许可时各种形状的花泥都应储备一些，以便顾客要求插制作品时选用。鲜花花泥的提前浸泡也是每天的必备工作。

喷水器至少要准备两个。

2. 包装辅材类

包装辅材主要是铁丝、丝带、皮绳、麻绳等。粗细铁丝都需要储备，它们不仅可以用来制作花球、襟花和花篮等，店内很多杂事中也少不了用到铁丝。丝带一定要选择有质感的，不同颜色、型号、档次的丝带最好都储备一点，用来装饰花篮和花束。

3. 花盒、花篮

根据花店的经营项目，还会用到花盒、花篮等，这些根据花店需求灵活购置即可。

4. 文具类

一般的纸张、信封、胶带、签字笔以及写缎带的金粉、墨水、毛笔等常用文具都应购置。

寄语卡片、插签也要准备一些，配合花篮、花束用，也可印制写有本店地址、电话等内容的顾客卡，方便顾客留存，能产生广告宣传的效果。

4. 形象配备

花店专用的工作服/围裙、陈列筒、丝带、标签、送货单等，都可以印上自己花店的名字或logo，这样既能塑造花店的品牌形象，又能提高品牌价值。

5. 其他辅材

气球、胶水枪、热熔胶枪、染料、洋娃娃，以及可以与花搭配销售的小饰品等，也需储备一些，备用量可视花店的销量而定。

> **温馨提示**
>
> 这些辅助材料的进货，可以不用着重看价格，更重要的是看其独特性，尤其是包装方面的材料。要知道，一个漂亮的包装有时候甚至比花朵本身更能吸引顾客的注意力。

FLOWER SHOP
第四节
优化管理，控制进货成本

花店经营中节约成本的一个重要渠道就是控制进货的成本。店主不能盲目进货，一定要明确需要采购的物品数量以及所需资金。优化进货管理，做到良好的进货成本控制，对于花店的经营，是十分重要的。

一、掌握货品的进价

花店的经营需要店主根据市场行情，确定自己所需货品的进价到底是多少，最忌盲目跟风。现在货品的价格基本由市场决定，而市场往往瞬息万变，在不同的时间段有不同的价格。

比如，百合花的价格发生了较大的变化，就说明百合花在市场上的供需发生了变化。这个变化不仅会影响到产品的进货价格，也会影响产品的销售价格。

随着市场的不断变化，花木业已经从卖方市场转到了买方市场，从刚发展起来的初期暴利时代进入现在的微利时代，花卉市场的行情也一直在变化。因此，店主要密切留意花卉市场的动态和行情，研究花卉进价的起伏规律，这样才能在经营中掌握花卉销售的主动权。

通常一个有经验的店主会通过如图2-26所示的途径，了解花卉的价格。充分利用这些渠道和方法，及时了解当前的花卉价格，才能顺利掌握进价，不至于在进货这一环节浪费不必要的资金，也为花店获取更多的利润打下了基础。

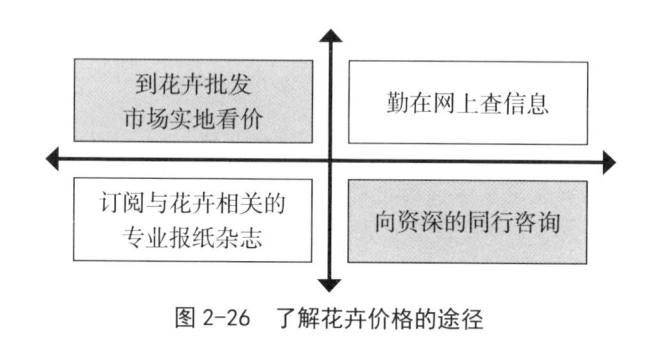

图 2-26　了解花卉价格的途径

二、掌握进货周期

进货周期是指店主根据以往的销售经验，计算出来的有一定规律可循的进货日期。也就是指需要多长时间从花卉批发市场购买一定数量的花材。如果这个周期计算得不够准确，将会出现如图2-27所示的两种情况。

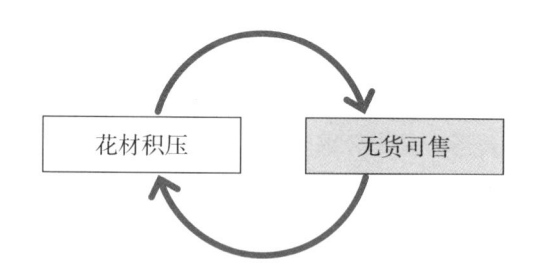

图 2-27　进货周期计算不准的后果

这两种情况都会给花店带来损失，所以说掌握进货周期是十分重要的。为此，店主需要建立销售账目，运行半年至一年后，可以根据账目掌握进货周期。

> **温馨提示**
>
> 进货周期会有一定的变化，例如有大型会议、大型开业典礼等，出货量会突然增加；反之，因受气候影响或有不吉的日期等，出现婚嫁喜事骤减的现象，出货量会减少。这就需要店主做有心人，既要从宏观上调控，又要从细微处着手。

三、掌握进货量

如果不能准确地掌握花卉的进货量，进货周期如同虚设。进货周期为进货量提供了保证。一定的进货量在鲜花保鲜期内基本销售完毕，可以说这个进货量是比较准确的。进货周期是一个基本框架，进货量才是里面的基本内容，它比进货周期要复杂得多，这是由花卉品种繁多、花卉保鲜期不一样所决定的。

比如，月季、康乃馨的保鲜期在夏季时为4天，而唐菖蒲、非洲菊只有2天，配叶如蜈蚣草、苏铁叶、蓬莱松等则更长一些。即便是月季，因花型、花色不同，保鲜期也会有差别。

这就需要店主掌握一定的花卉知识，同时准确地把握市场供需情况，合理安排进货量。在计算准确的情况下，可以降低运输成本，这对花店经营至关重要。

比如，夏季常温下4天可进月季、康乃馨一次，2天进唐菖蒲、非洲菊一次，配叶可参差进货，在常规进货的基础上还需随时调整有突发事件发生时的进货量。

四、掌握进花材的方法

花店要经营的产品是鲜花，掌握进花材的方法是低成本经营中非常重要的一环，所以店主必须熟悉与进货相关的各类信息，以减少损耗，增加营业额。

1. 遵循适量原则

对花店来说，进货太少将满足不了顾客的需求，而进货太多又会造成浪费。店主要根据花店的销售情况来制订进货计划，就算遇到忽然降价的高价花卉，也不能一时冲动大量进货，还是要根据自身的经营情况来确定采购花材的档次和种类。

2. 采购花材要勤

花店做的是新鲜花卉的生意，最忌一次性大量进货囤货。要想让自己的花店旺起来，采购花材不得不勤。所谓"勤"，就是要勤跑市场，看看市场上有哪些新货、哪些花受欢迎等。当然也可以先掌握花市上的价格变化，根据价格信息来制订采购计划并实施。

3. 淡季要谨慎

淡季时花材的需求量很少，上市量大，价格相应也低。同时，由于天气等因素花材难以保存。这个时候，切不可贪图价格便宜而大量进货，相反要更加谨慎，应采取多次少量的进货方式。

温馨提示

优化进货管理，切忌冲动。不能别的店进什么货，自己也跟着进什么货，这样只会让自己的店永远跟在别人后面。

第三章
花卉陈列

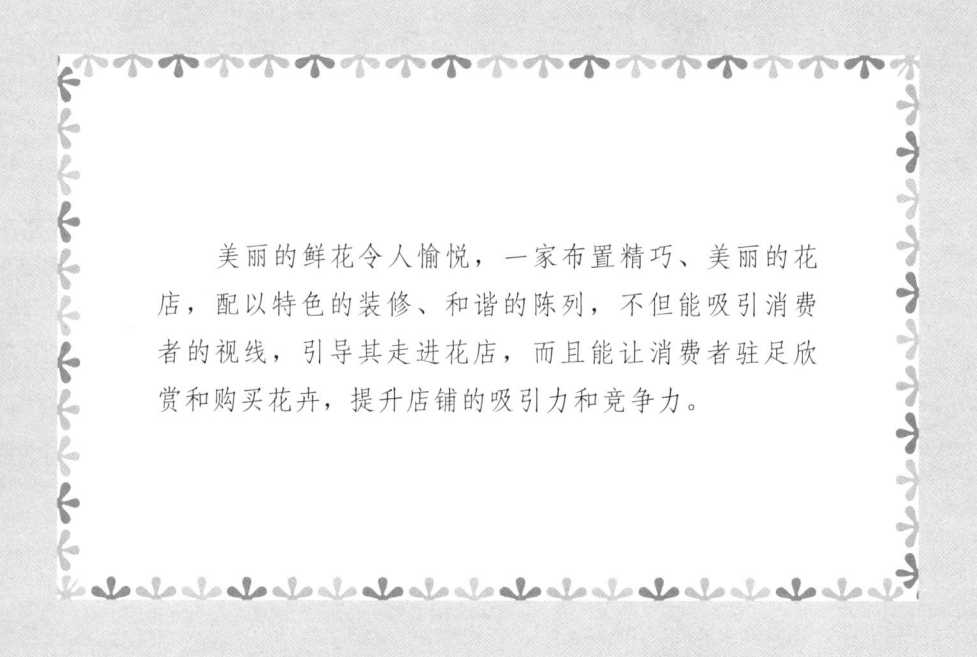

美丽的鲜花令人愉悦，一家布置精巧、美丽的花店，配以特色的装修、和谐的陈列，不但能吸引消费者的视线，引导其走进花店，而且能让消费者驻足欣赏和购买花卉，提升店铺的吸引力和竞争力。

第一节
精心布局，合理利用空间

店主在陈列花卉时，要着重对细节问题进行处理，要注意鲜花的摆放、空间的利用等。布局合理的花店，可以吸引顾客自由地观赏和购买。

一、抓住店内焦点空间

通常就消费者心理学而言，任何店面都有所谓的"焦点空间"，也就是最容易吸引消费者目光的区域。

由于花店一般都为中小店面，因此店面内的主要焦点空间不外乎是通道的正面、店面入口的左右壁面。在确定店内的焦点空间之后，店主便可将产品合理地摆设在此空间。若是店内的走道比较长，焦点便布置在走道的中央；若是墙壁比较长，焦点便设计在壁面中央。

二、充分利用立体空间

花店产品陈列布置的时候，店主需要把立体空间充分地利用起来，以便增大有限的使用面积。

可以灵活地使用各种质地的架子或悬挂用具等来填充花店的立体空间，也可以利用一块背景墙来做一些高低不同的立柱，再在墙壁上做些半圆形的凸起，这样就可以把一盆盆绿色观赏植物放在上面，呈现出错落有致的视觉效果，不仅使墙壁充满了生机，起到美化、装饰的作用，还充分利用了立体空间，使植物摆放的数量得到增加。

三、巧用玻璃镜面

花店的装修一定要体现出"花团锦簇"的效果，要达到这个目的，只需要一个简单的办法，就是在店内多布置有反射功能的玻璃镜面。这样设计的花店，其店面空间就会显得更大，而花也能展现出一枝变两枝、一束变两束的效果。

四、做好色彩搭配

花店要给人一种一进店眼前就花开烂漫的感觉，但是却有很多的花店让人难以发现每束鲜花的独特美感，进而失去了购买鲜花的欲望，原因就在于花店颜色搭配混乱。

花店布置涉及店内色彩的搭配。大家都知道花卉的颜色本身已是五彩缤纷了，若是在陈列布置上不注意色彩间的相互协调搭配的话，则会显得乱七八糟。因此，店主在陈列布置时，若是将不同色彩的花摆放在一起展示给客人，一定要注意色彩搭配和谐。

比如，深紫色的勿忘我和红色的玫瑰花摆放在一起就不和谐，会很容易让人对两种花都失去购买的兴趣。

第二节 灯光布置，营造温馨氛围

灯光作为一种能调节室内氛围格调的工具，对花店起着不容忽视的作用。合理的灯光设计不仅能维持整个花店的基本亮度，更可为花店营造温馨浪漫的氛围。

一、霓虹灯设计

霓虹灯是花店外观的重要组成部分，以补充显示花店招牌为主，兼有宣传美化作用，既可装饰花店外观，又可招揽顾客。

霓虹灯是以远眺为主的光源设计，色彩的选择一般应以单色和刺激性较强的红、绿、白等颜色为主，突出简洁、明快、醒目的特点，字体要大，图案力求简单。因为人的眼睛对动态景象敏感，所以伴以动态的字体和图案，会收到更好的效果。

二、橱窗灯设计

橱窗灯属于外观灯饰，是近距离观赏光源，所以一般不应使用强光，灯光色彩间的对比度也不宜过大,光线的运动、变换、闪烁不能过快或过于激烈,否则会使顾客感到眼花缭乱,造成不舒适的感觉。

橱窗灯有以下五种形式:

1. 基本照明

基本照明是为了确保橱窗内的基本光线。基本照明必须保证整个橱窗亮度均匀,从灯光位置上分为顶光、边光和底光三种,如图3-1所示。

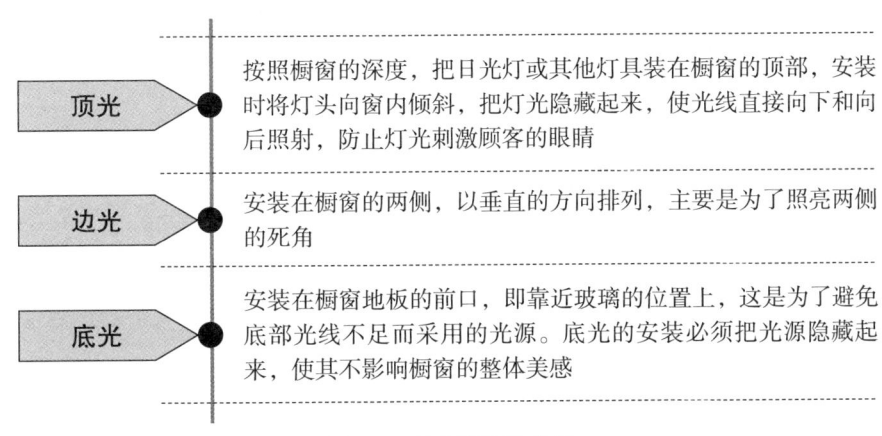

顶光	按照橱窗的深度,把日光灯或其他灯具装在橱窗的顶部,安装时将灯头向窗内倾斜,把灯光隐藏起来,使光线直接向下和向后照射,防止灯光刺激顾客的眼睛
边光	安装在橱窗的两侧,以垂直的方向排列,主要是为了照亮两侧的死角
底光	安装在橱窗地板的前口,即靠近玻璃的位置上,这是为了避免底部光线不足而采用的光源。底光的安装必须把光源隐藏起来,使其不影响橱窗的整体美感

图 3-1　基本照明的分类

2. 聚光照明

聚光照明是用强烈的光线来衬托花卉品种的一种照明方式。要照亮橱窗陈列的全部花卉时,应该采用平坦型配光;而要使橱窗的重点花卉更加明亮时,则应该采用聚光照明方式。

聚光照明一般采用LED射灯,将一束束灯光射向需要的位置上,以突出陈列的重点;必须选择能够自由变更照射方向的灯具,以配合花店在商品布置和陈列上可能的变化。

> **温馨提示**
>
> 聚光照明主要用冷光LED灯,不用热光灯。灯具与商品之间要留出足够的空间,让空气流通,保证光源的散热需要。注意不要让灯光直接照射在易燃干花上。

3. 强化照明

强化照明是指通过光的效果来衬托花卉的照明方式。使用装饰照明器具时，在设计上应和橱窗陈列的商品和谐一致。此外，强化照明以重点突出一类或一系列商品为原则。

4. 特殊照明

特殊照明是为配合橱窗陈列商品的特殊需要，采用更有效的表现方式，使采用特殊照明部分的陈列品更加引人注目。

5. 气氛照明

通过设计气氛灯光可消除暗影，在特殊陈列花卉中制造出不同的效果。在橱窗中还可以用加滤色片的灯具，制造出各种色彩的光源，以营造氛围。

三、内部灯光设计

在花店装饰布局中，科学合理地配置灯光，既可吸引顾客的注意力，又能使顾客在视觉舒适的环境中观赏花卉，留下对花店购物环境的良好印象。花店中使用的光源一般可分为自然光源、灯光照明光源、装饰陪衬光源三类。

1. 自然光源

花店中的基本照明利用自然光，这样既可降低费用，又能使花卉在自然光下保持原色，避免灯光对花卉颜色的影响。同时，人们对自然光的崇尚已开始超过对人工光源的喜爱，因此，在条件许可的情况下，应以自然光为主。

2. 灯光照明光源

灯光是花店内的基本照明光源，起到保持整个花店基本亮度的作用，一般安装在天花板或墙壁上，多以单色白光日光灯为主。

安装的照明光源应注意整体亮度要足够，如果整体亮度不足，则容易使人产生沉闷压抑的感觉，难以形成活跃的购物气氛。

3. 装饰陪衬光源

装饰陪衬光源是花店内以装饰或陪衬花卉为主，兼作局部照明用的光源，主要起美化店内环境、宣传花卉品种、营造购物气氛的作用。在使用装饰陪衬光源时，应注意如图3-2所示的三点。

1. 用于烘托整个花店购物气氛的装饰陪衬光源，要与照明主光源协调搭配，只起陪衬与辅助作用，不要喧宾夺主，不宜安装过多，亮度不宜太强，对比不应过大

2. 对专用于装饰和映衬花卉的光源，应注意光色与花卉的协调，如果花卉本身色调明快清晰，则灯光朦胧才能产生较好的意境；如果花卉本身色彩较暗，应使用较强的灯光突出其形象

3. 彩色光线照射在色彩鲜艳的花卉上，如果光色与物色相同，则花卉会特别鲜艳；如果光色是花卉的补色，则会减弱花卉的鲜艳程度，使花卉变得灰暗

图3-2　使用装饰陪衬光源的注意事项

温馨提示

灯光的设计与使用要注意灯光对鲜花色彩的影响，应与顾客通常所反映的心理状态相适应。

▶ 案例

××花店空间优化与陈列改造

××花店在当地经营已有20年，但距离上次装修已有3年时间。随着市场竞争的加剧和顾客需求的变化，花店决定进行一次全面的空间优化与陈列改造，以提升销售业绩和顾客体验。

1. 空间利用问题与需求分析

在改造前，花店存在多个空间利用不合理的问题，如：

（1）橱窗未得到充分利用，长期作为通道使用。

（2）门口位置植物堆放杂乱，缺乏工位。

（3）花器、营养土等物品收纳不规范，视觉上显得凌乱。

（4）保鲜柜摆放区和操作区位置不佳，影响展示效果和工作效率。

（5）洽谈区设在动线上，易受干扰。

针对这些问题，花店店主与设计师进行了深入沟通，明确了空间优化和陈列改造的需求。

2. 空间优化方案

（1）橱窗改造：拆除影响视线的花拱门，将右侧橱窗改造成形象墙，用于展示精美的花艺作品，以增强对顾客的吸引力。

（2）收银区与吧台设立：在重新规划后，设立了形象背景墙和吧台作为收银区，既方便顾客结账，又提升了店铺的整体形象。

（3）操作区与洽谈区调整：将原来的操作区调整为洽谈区和陈列区，把操作区移至店面后方，减少了对顾客视线的干扰。洽谈区加入灯带等照明设施，以营造温馨舒适的交流环境。

（4）保鲜柜与陈列台优化：将保鲜柜移出墙角位置，以便更好地展示鲜花。同时，根据空间格局合理布置陈列台，分为三组不同大小和位置的展示区域，既保证了产品展示的丰富性，又避免了空间的浪费。

（5）功能区重新布局：将上下水区域改造为合理的储物空间，避免潮湿和物料堆积问题。同时，将洽谈区移至更安静、不易受干扰的区域。

（6）增加打卡区：在店内增设打卡区，方便顾客拍照打卡并分享至社交媒体上，提升店铺的曝光度和口碑。

（7）沙龙区与花艺软装隔断：将原来的洽谈区规划为沙龙区，并在沙龙区和玄关之间重新设计了花艺软装隔断，既美观又实用。

3. 陈列改造亮点

（1）色彩与光线运用：通过统一的色彩搭配和柔和的灯光照明，营造出温馨、浪漫的氛围。

（2）层次感与视觉焦点：陈列台高低错落、疏密得当，形成层次感；同时利用焦点空间（如通道正面、店面入口左右壁面等）进行重点展示，吸引顾客注意。

（3）主题式陈列：根据季节、节日等主题进行特色陈列，如春季主打清新花卉、母亲节推出康乃馨花束等，增强顾客的购买欲望。

（4）细节处理：注重花材的新鲜度、花器的清洁度以及整体环境的整洁度，提升顾客的购物体验。

> 经过空间优化与陈列改造后，××花店焕然一新。顾客进店停留时间明显延长，复购率显著提升，仅店面流水就比之前增加了30%，沙龙课也大幅增加且顾客体验感更好。花店不仅提升了销售业绩和顾客满意度，还进一步巩固了在当地市场的品牌地位。

第三节 突出视觉，展示花材魅力

视觉是最能影响一个人感受和行为的因素。花店从店门口、橱窗到店内的陈列摆放，无不从视觉上影响着顾客的感受，进而影响顾客的消费行为。

一、吸引目光的橱窗或门口

任何一家门店一定是从店面开始吸引顾客眼球的。因此，对于花店来说，店门口的布置尤为重要。不管是铺面较大的花店还是较小的花店，橱窗或门口都务必要好好利用起来，该处的陈列与店内的重点陈列区同样重要。橱窗或门口的陈列能够让顾客还没走进店内就能感受到这家店的风格、花艺水平和鲜花品质。因此，橱窗或门口场地的布置，最好采用突出产品、突出花店风格的陈列方式，如图3-3所示。可选择主题式陈列法、场景式陈列法、系列式陈列法。

图3-3 花店门口陈列效果图

二、突出整体美感的店内陈列

店内陈列比较复杂,具体可分为重点和非重点两块区域。

1. 重点陈列区

空间较大的花店可在店中央开辟一块重点陈列区,而空间较小的花店,重点陈列区一般设在门口通道正面,以及店内左右两边。重点陈列区也可采用主题式陈列法、场景式陈列法、系列式陈列法陈列,还可采用综合式陈列法,将不同品种的花卉搭配陈列,尽可能地展示花卉丰富的品种,该陈列法对店主的搭配能力有所要求。

2. 非重点陈列区

非重点陈列区则可根据店内整体风格,配合季度或节日主题,分别陈列,如图3-4所示。

图3-4 花店内非重点陈列区效果图

温馨提示

综合式陈列法讲究花卉搭配技巧,切忌一味追求花卉品种的多样性,要避免陈列得杂乱无章。

三、巧用装饰道具搭配陈列

一家有风格、能吸引人的花店，除了花卉要陈列得漂亮美观以外，巧妙搭配的装饰物品、道具也起着吸引顾客、增强花店整体美感的作用。

比如，场景式陈列利用不同的道具，搭建不同的场景，如有特色的花瓶、花盆、花篮，以及玩偶、相框、书籍等，只要布置得当，花店就会变得生趣盎然。而主题式陈列，则可使用小卡片、小海报或专门定制的木板提示牌，既能起到装饰作用，又能起到主题宣传作用。有的花店还会专门定制有特色的花卉陈列柜或好看的花架，既规整了店内陈列，又显得美观大方。如图3-5所示。

图3-5 花店内陈列效果图（1）

四、提高商品的能见度

首先需要注意的是鲜花摆放的高度，顾客进店后会无意识地看向和其高度相适应的地方，应该把鲜花摆在这样的地方。

（1）如果花店属于中小型花店，则可以考虑把陈列商品货架以马蹄形排列。

（2）如果是面积大、经营商品多的大型花店，可以考虑把花店划分为若干个矩形区，各区再把货架以马蹄形排列。如图3-6所示。

图 3-6　花店内陈列效果图（2）

> **温馨提示**
>
> 店主可以灵活应变，充分利用花店的壁面，用美丽的花墙来吸引顾客的目光。

五、突出商品的价值和特点

店主在摆放鲜花的时候，要想方设法充分展示不同商品的特点，如图3-7所示。比如：

（1）带香味的鲜花要摆在最能刺激顾客嗅觉的位置，让顾客能最快感受到这些鲜花的特点。

（2）花艺形式新颖的鲜花作品，则应摆放在顾客最容易看到的位置。

（3）价格昂贵、高档的花店商品，比如高档花瓶、新奇花材等，最好是摆放在特殊的货柜内，突出商品的档次。

图 3-7 花店内陈列效果图（3）

六、货架与花卉错落摆放

摆放花卉的货架要有形式变化，货架与花卉摆放要错落有致；既要将大小花卉合理地搭配，又要规范花卉品种的分类。多种摆放形式结合，能使人感到百花争艳、芬芳吐翠，唤起人们的购买欲望。盆花应量少品精，鲜切花应量多品全，仿真花、干花应设计出艺术造型，或悬于壁架，或配以协调的花器插入瓶中，为顾客选购提供参考。如图3-8所示。

图 3-8 花店内陈列效果图（4）

> **温馨提示**
>
> 花店的商品陈列要突出其特点，根据种类、颜色、季节进行分类陈列，以方便顾客挑选。同时，要根据季节和市场需求进行及时调整，确保商品的新鲜度和吸引力。

相关链接

花卉陈列的常见方式

1. 系列式陈列

系列式陈列大多是为完整地展示和突出某一花卉品种，这种陈列方法能很好地突出某一类花的品种特点，突出系列性。

比如七夕节，以玫瑰为一组系列，展示不同品种、包装、规格、色彩的玫瑰，突出这个系列的产品，以增加该品种的销售量。

2. 系统式陈列

系统式陈列是指同时陈列几个品种的花，但这几个品种在使用上必须是互相联系的，易加深消费者对花的品种的系统认识。系统式陈列的好处如下：

① 可以体现花店的经营面貌和特点，展现花店所售花的品种齐全。

② 可以帮助消费者提高鉴赏水平，缩短购买时间。

顾客对陈列连带性有了认识后，往往会一次购买，避免浪费时间。花店通过系统式陈列，不仅可以提高主要品种的销量，还能把其他附属性品种同时销售出去。

3. 综合式陈列

综合式陈列是一种常用的陈列方式，将各种花卉品种，经过组合搭配，尽可能丰富地展示出来，但要避免杂乱无章。经过设计，做到既丰富多彩，又井然有序。

4. 主题式陈列

主题式陈列一般以与花卉品种有关的主题为主线来选择和布置花卉，既突出了花为主角，又具有丰富的文化内涵。陈列中既可以有实物陈列，也可以有与花卉品种有关的内容，如有关的文字、图片、照片等，使顾客根据花卉品种陈列的主题有针对性地加以选购，比如，节日主题、季节主题、毕业季主题等。

店主可以结合当下的节日、季节变换、热点来切换花艺产品的陈列，为植物装饰相应的主题盛装，这不仅能增强店面的灵动感，更能应时景吸引顾客的目光。

5. 场景式陈列

橱窗也可以采用场景式陈列，通过花材组合、物件装饰来搭建一种特定的场景。

比如，摆放小藤桌、相框或其他道具来打造一种生活场景。

6. 节日、季节性陈列

根据节日的时间、季节的变化，把准备大力推销的鲜花品种提前陈列出来，使顾客通过观赏，感觉到新的节日、季节即将到来。

第四章
花材养护

不同于家庭，花店有大量的鲜切花需要处理，而这些花材养护的好坏与处理方法息息相关。鲜花养护得好与不好直接影响花期的长短，特别是对于一些新开的花店，如果不能予以花材很好的养护，那么高价进的花材只能亏本处理。

第一节 常规处理，上架展示

一般情况下，花材到店后，还需要做常规的处理工作，才能进入花艺的准备阶段，为上架展示打基础。

一、开扎处理

采购回来的鲜花应立即打开包装，取出花材，防止有挤压等机械性损伤。

① 如果鲜切花在最佳状态下运输，打开包装后只需把鲜切花插入水或保鲜液中即可。

② 如果鲜切花在超低温状态下运输，应首先检查有无低温伤害。应先将鲜切花置于5℃~10℃温度环境中12~24个小时，然后再转至较高温度下解开包装，以避免由环境的突然变化造成鲜切花枯萎。

> **温馨提示**
>
> 开扎处理时要注意轻拿轻放，减少花材进店后的损失，尤其是红掌等贵重花材，需要用左右手同时拿起，并将受虫害及已腐烂的部分摘除干净。

二、修剪

① 把鲜切花平放在架子上，不要过于堆压。
② 剪除花茎底部叶片，以防止在瓶插中腐烂。
③ 花瓣若有枯萎现象，需要仔细剔除。
④ 将花茎末端剪去2~3厘米，剪口呈斜面，以增大与水的接触面，促进水分吸收。
⑤ 剪后立即浸入水或保鲜液中。
⑥ 最理想的方法是在水中剪切，以防止空气进入导管形成气栓，妨碍水分吸收。
⑦ 若花材新鲜度高，可减少操作，直接浸入水或保鲜液中。

> **温馨提示**
>
> 剪口45度利于操作，且能增大吸水面积；剪口过平易贴住容器底部，导致无法吸水；剪口过斜则伤口创面太大，易感染病菌。

三、分门别类

为了销售和花艺制作方便，可按自己的需要与习惯，对鲜花进行分类并选择位置摆放。

四、保存

① 将整理完毕的花材尽快浸入水或保鲜液中。

② 入水不宜过深，以免水中部分腐烂。不同花材的浸水高度不一样，但最多不要超过30厘米。

③ 每日需换水。北方冬季，还需防寒，以免冻伤花材，适宜花材保持休眠状态的温度是4℃。

相关链接

常见鲜花的处理

1. 玫瑰

首先要预防花头弯曲，可将茎基斜切，再用报纸包妥花叶，并将整把玫瑰浸入水中吸水。若已经发生折头现象，在温室中削去基部后，插入pH值为3.5～4.5的保鲜液中便可恢复。货到以后，在处理时，可以先将松散的外瓣去掉，并将插入水中的刺、叶去除，这样是为了防止细菌感染伤口。泡水时最好使用漂白液或保鲜剂，这样能更好地延长花材的寿命。

2. 百合

到货后的百合在拆箱后应将其枝叶散开，使其透气，然后将基部剪去3～5厘米后插入水中，在水面以下的枝干都要除去叶片。想要提早开花，可以插在温水中。同样，在水中加入漂白液或者保鲜剂可以延长花期。

3. 康乃馨

先去除预插入瓶中部分的叶片，斜切基部后再插入水中，花枝间保持通风良好，切记花朵不可喷水，避免腐烂。想要提前开花，可以重新剪花茎再插入20℃～24℃的温水保鲜液中；康乃馨对乙烯敏感，必须远离过熟的瓜果蔬菜，在水中加入抗乙烯的保鲜剂，保鲜效果更好。

4. 非洲菊

先将根部40度斜切，再插入水中，添加保鲜剂，保鲜效果更佳；一般会用铁丝缠绕花茎，以矫正花型，但是这样做容易使花茎受伤，非必要时建议不要用；不要直接在花上喷水，避免长霉；应投入式插花，避免直接触碰花瓶底部，以利于吸水和避免细菌感染。

5. 洋桔梗

先整理花束，去掉状态不好的花瓣和断枝的花朵，去掉留在花瓶里的叶片，保留4～5片即可；将花束45度斜剪根并把花放入盛有保鲜剂的水中，保持2天剪一次根；花瓶水位不能低于1/3，水中如有保鲜剂应3～4天更换一次水，没有保鲜剂则应每天换水。不宜放置于出风口和受风处，风吹容易导致鲜花脱水凋谢，并且要避免阳光直晒。洋桔梗花朵不能喷水，否则花朵容易腐烂；在空调间请将花远离出风口，吹空调不能让花暖和或凉快，只会凋谢得更快；桔梗都有很多小花苞，一般花苞都是会盛开的。

6. 剑兰

剑兰在储存时必须直立，不要平放，避免花茎弯曲。重新剪花茎插入水中吸水，但是需要注意，水中不要加入漂白水，避免叶片枯萎；将花序顶端的小花苞摘除，可以降低尖端弯曲程度，促进花苞开放；冷藏过的花在使用时，插入含有保鲜剂的水中，开放效果较佳且更持久。

7. 大花蕙兰

大花蕙兰到货后要进行保鲜处理，尤其是已出现脱水症状的花材更要及时采取措施。处理方法是先在枝条底部切口，然后平放在盛满清水的干净器皿中，使花头连同枝条完全浸入水中。如果枝条漂浮于水面，可用重物将其压实，待5～10分钟后取出，花材便可重现生机。

8. 绣球

绣球的保鲜方法与大花蕙兰颇为相似。值得注意的是，绣球枝条切角后，要先抠出枝条内部的白色组织，以便顺利吸水；然后将其直立放入盛满水的干净器皿中，使花头充分没入水中吸取水分，这样，几分钟后花材的脱水症状就可得到明显缓解。

第二节 做好保鲜，延长花期

鲜花的保鲜工作对鲜花店来说，是很有必要的事情。只有做好保鲜工作，才能令鲜花持久保鲜，才能减少损耗，降低成本。

一、延长花期

延长花期的主要方法是降低温度、减少阳光照射等。放置花的房间最好用产生大量红光的日光灯或日光灯和白炽灯混合照明，展示窗要避开阳光直射。

二、让花材充分吸收水分

具体做法有以下几种：

1. 深水浸泡法

深水浸泡法是指利用水自身的压力促进花材吸收水分。具体做法是在插制前将鲜花插在深水中（仅使花头部分露在水面上）约20分钟，使花枝吸足水分。

2. 增加切口面积法

将花枝底部切口切成斜面或呈十字形纵切，以增加切口面积，使花枝吸收足够的水分，通过导管输送至花枝的各部分。

3. 水中切取法

将花枝浸入水中进行剪切，可以防止剪切时空气进入枝茎导管内，形成气泡而阻碍花枝吸水。

4. 控制剪切高度法

根据鲜花的吸水能力来决定剪切高度，如剑兰等吸水性强的花材可保留较长的花枝，而玫瑰等吸水性较差的花材就要保留较短的花枝。

5. 叶面喷水法

虽然花材主要是通过花枝切口吸收水分，但花材的枝、叶、花都具有一定的吸收水分的能力，向花材喷水，一方面可促进花枝多吸收水分，另一方面可减少花材的枝、叶、花各部分水分的蒸发损耗，达到延长花材保鲜期的目的。因此，要定期向花材和花艺制品喷水，但菊花、康乃馨、百合、勿忘我、黄莺、百日草、扶郎花等品种除外。

三、注意摆放位置

有许多内源性激素会加速花枝的老化，使花瓣卷缩、褪色、脱落，乙烯便是这样一种激素。由于水果在上市前大多经过乙烯的催熟处理，故花材和花艺制品附近最好不要摆放水果。

四、使用鲜切花保鲜剂

保鲜剂可以有效地延长花材的瓶插时间，并且操作简单，使用方便。鲜切花保鲜剂的种类很多，市场上也有成品出售，但花店在经营中为了降低成本，一般自己调配。下面介绍几种简单的配方：

① 阿司匹林3片。
② 硫酸铜5克，糖20克。
③ 硝酸铝3克，糖20克。
④ 硝酸银0.05克，硫代硫酸钠0.5克，糖20克。
⑤ 糖20克，8-羟基喹啉柠檬酸盐0.2克。
⑥ 糖10克，食盐10克。

以上各配方均应溶于1升水中。

> **温馨提示**
>
> 在配制化学药品及花艺制作时，应使用玻璃或陶瓷容器，避免使用金属容器。

五、防止切口感染

防止切口感染主要采取定期补充新鲜水分和定期换水的方法。花艺制品的用水以天然水最好，用自来水时应放置一天再用，以防止自来水中的某些消毒物质损害花枝。为防止切口感染细菌，还可采取以下三种方法。

1. 切口烧灼法

对吸水性差的含乳汁及多肉的木本花材，剪切后应立即用火烧焦切口，如一品红、夹竹桃、橡皮树等，必须用火炙烧，才能制止乳浆外流；否则，其花序及枝叶会迅速萎蔫，丧失植物本身的自然美。

2. 切口浸烫法

将花材基部切口浸入5～7厘米深80℃左右的热水中2～3分钟，既可杀灭切口处的细菌，又可排出切口处导管内的空气。但应注意的是，浸烫时要将花材上部包好，以免烧伤。

3. 切口涂盐法

将少许食盐涂抹在花枝切口上。

相关链接

怎样抢救因失水过多而快萎蔫的花材

因失水过多而快萎蔫的花材，若抢救得法，同样可以继续出售。对于开始萎蔫的花材，不要立即放入水中，而应先将其摊在铺有席子的阴凉地上，并立即喷水，经2～3小时，待鲜切花枝叶稍有舒展后，再用以下方法进行抢救。

1. 浸泡法

把花材的花头露在水面，其余部分全部浸泡在水中数小时（具体时间视花材多少而定），使枝叶充分吸收水分，可使快萎蔫或刚刚萎蔫的大部分花材得以复鲜。

2. 倒淋法

将花束在水中重新剪切后，即放在水龙头下或者用水杯盛水倒淋，利用水向下的冲力，迫使导管充分吸水。花材全部淋湿后，用纸包裹，倒挂或平放在无风且阴凉、潮湿的地方。

第三节 及时护理，降低损耗

花店每天要处理的花材非常多，如果不懂得批量养护花材的科学方法，会影响花店的正常运作。所以，经营花店要懂得合理护理花材。

一、叶材的护理

叶材通用护理法如下：

① 在地上铺一张大纸板或者塑料袋，将叶材平铺在上面，喷水即可。每天翻一次，防止发黄、腐烂。

② 先在水里捞一下，再放到纸箱子里养护，时刻保持湿度即可。

二、鲜切花的护理

① 需每天换水，保持水质清洁，每天剪根露新茬。泡水的地方去掉多余的叶子。

② 远离蔬菜和水果，因为它们会释放大量乙烯，导致鲜花衰败，同时已败落的花果要及时清理。

③ 保鲜温度要适宜，普通花卉为5℃左右，热带花卉为10℃~12℃。
④ 注意摆放位置，夏天远离阳光直射，冬天远离风口。

三、花桶的清洁

花桶可算是花店中最为常见又不可或缺的物品。鲜花到货后，常常是先放入花桶中，然后再进入制作、销售环节。而花桶在与鲜花的亲密接触中，往往会成为致使鲜花衰败的隐形杀手。

不少花店的花桶内壁用手一摸会有滑滑的触感。这是由花桶内细菌的堆积引起的，而细菌就是加速鲜切花衰败的重要因素之一。

从理论上说，水分和养分的补给对于鲜切花的继续生长至关重要，而其所需的水分和养分是通过木质部的导管系统供应的。这些导管一组一组地分布在茎秆中，它们并不是上下贯通的，其间有着不同的阻隔物，水分和养分则要通过这些膜状物向上运送。因此，导管的阻塞程度就成为影响鲜花寿命的重要因素。而究其根本，细菌的滋生是造成导管阻塞和鲜花质量下降的重要原因之一。

以玫瑰花为例，细菌指数在109时会立刻萎蔫，在107时会严重减少吸水，在105以下时，则可以保持良好的状态。

因此，正确清理花桶是相当重要的。

1. 花桶的清洗

花店可以参考以下清洗方法：

① 每周使用84消毒液彻底清洗水桶。清洗前要按照说明中要求的浓度稀释消毒液，然后将花桶浸于消毒液中泡10~20分钟，之后再人工清洗，这样才能达到杀死细菌的目的。而一般花店只用清水进行简单冲洗是达不到效果的。

② 清洗后的花桶要叠放，因此，花桶的内侧与外侧要全部清洗干净，以防重叠时造成污染。

③ 清洗干净的花桶不要马上使用，要待其自然风干。此时，千万不能用抹布擦干，通常情况下，抹布就是巨大的细菌源。

④ 花桶在储存时应将桶口向下倒放，以防在储存期间被污染。

2. 花材的清洁

花茎是活体，其本身就是重要的微生物来源，因此，我们更要尽量减少其他细

菌的产生。正确地进行花材打理与清洁也可以减少细菌的繁殖,方法如下:

① 将花材的下部叶片去掉后再放入花桶中,因为叶片浸在水中会成为巨大的细菌源。

② 在打理花材的过程中不要伤到花茎,因为伤口是细菌滋生的好地方。

③ 再次剪根至关重要。通常脏物都聚集在花茎底部,因此,从根部剪掉2~5厘米能去除大部分的细菌源。

温馨提示

使用保鲜剂可以有效抑制细菌生长、促进水分吸收,为鲜花提供生长所必需的养分。但要注意正确的浓度配比,不要将新配制的保鲜液与在用的保鲜液混合使用。

第四节 正确存放,有效储藏

决定鲜切花耐贮的因素有两个,即鲜切花的遗传特性和贮藏期间的外部环境条件。一般在生产中通过调节与贮藏有关的温度、空气相对湿度、光照和乙烯浓度等环境条件,来延长贮藏期,并保持其优良的品质。

一、干贮藏

干贮藏的最大优点是鲜切花贮藏期较长,节省贮存库空间;缺点是贮藏之前需对鲜切花进行包装,要花费较多的劳力和包装材料。

为达到良好的贮藏效果,应注意如图4-1所示的问题。

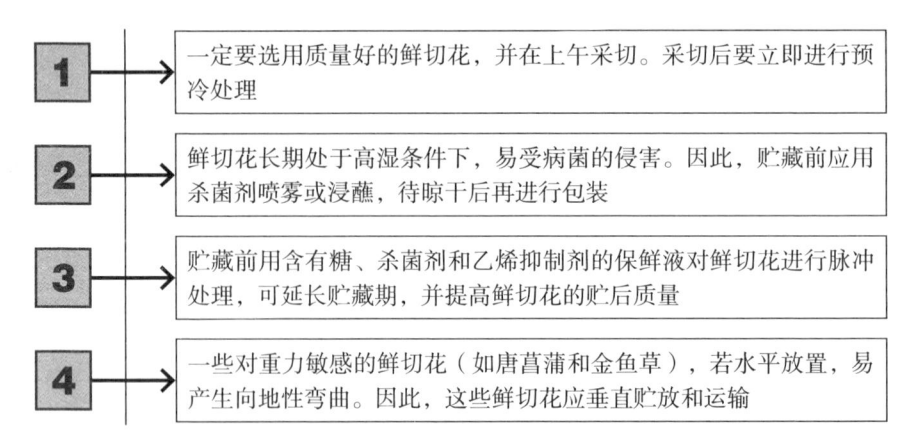

1	一定要选用质量好的鲜切花，并在上午采切。采切后要立即进行预冷处理
2	鲜切花长期处于高湿条件下，易受病菌的侵害。因此，贮藏前应用杀菌剂喷雾或浸蘸，待晾干后再进行包装
3	贮藏前用含有糖、杀菌剂和乙烯抑制剂的保鲜液对鲜切花进行脉冲处理，可延长贮藏期，并提高鲜切花的贮后质量
4	一些对重力敏感的鲜切花（如唐菖蒲和金鱼草），若水平放置，易产生向地性弯曲。因此，这些鲜切花应垂直贮放和运输

图 4-1　干贮藏的注意事项

温馨提示

不是所有的鲜切花都适宜干贮藏，如天门冬、大丽花、小苍兰、非洲菊和丝石竹就不宜干贮藏，而适宜湿贮藏。

二、湿贮藏

湿贮藏就是把鲜切花置于盛有水或保鲜液的容器中贮藏，是一种广泛使用的方法。该方法的优点是不需要包装，并使鲜切花保持较高的膨胀度；缺点是在冷库中占据的空间较大，与干贮藏相比，贮藏期较短。

① 一般在湿贮期间，为防止叶片受害和患灰霉病，应使鲜切花保持干燥，勿喷水。

② 鲜切花采后应立即置于水或保鲜液中。若采切后有一段干燥的时间，在湿贮前应于水中将花茎下端剪去2~3厘米。容器内水或保鲜液深度以淹没花茎10~15厘米为宜。为避免叶片在水中腐烂，要把下部叶片除去。一般湿贮的保鲜液中含有糖、杀菌剂、乙烯抑制剂和生长调节剂。

③ 水质是一个非常重要的影响鲜切花湿贮效果好坏的因素。最好不要用自来水，应用去离子水或蒸馏水。如月季在自来水中可保持4.2天，而在蒸馏水中却可保持9.8天。

三、气体调节贮藏

气体调节贮藏，是通过精确控制气体（主要是二氧化碳和氧气）的混合成分比例，来贮存鲜切花的方法。通常是通过增加二氧化碳浓度、减少氧气浓度并结合低温，以降低鲜切花的呼吸作用和抑制乙烯的产生，使鲜切花的代谢过程变慢，延缓衰败速度。

现在该方法常用于水果的长期贮存，尚未在花卉业中推广使用，不可盲目照搬，还需要精确测定不同品种的鲜切花对气体成分含量、湿度和温度的最适范围。

四、低压贮藏

低压贮藏是把植物材料置于低温、低压下贮藏的方法。一般低压贮藏不能有效地保护鲜切花免于脱水，因此需要连续输送湿空气进入贮藏室，这种贮藏方式的成本也较高，目前尚未在花卉业中广泛应用。但在相同温度条件下，该方法的贮存期比常规的冷藏法长得多，具有潜在的应用价值。

相关链接

贮藏鲜切花应注意的问题

在贮藏期间，鲜切花长时间处于高湿的环境条件下，极易感染病害和衰败，因此要特别注意防止病害和环境的清洁。可采取以下措施：

① 贮藏的鲜切花应健康并未受病虫侵害。如果花店里的鲜切花被病虫害感染，要用化学药剂进行防治。

② 灰霉病是鲜切花贮藏期间常见的病害，往往导致巨大损失。灰霉病的最初症状是在花瓣和幼叶上出现灰色小斑点，当其上面有水分凝结时，会加速病情的发展。如果冷库中的鲜切花表面干燥，采后能迅速预冷，则常会抑制灰霉病的发展。

③ 为防止贮藏期间病菌感染，整个冷库每年应消毒几次。库中无花时，要予以彻底清扫，然后用0.3克/升的次氯酸钠溶液，或氯胺、石灰水溶液喷洒整个冷库内墙以消毒。

④ 湿贮用的贮藏架、容器和水槽应定期用洗涤剂或次氯酸钠溶液彻底清

洗消毒，然后用水冲净，晾干备用。

⑤ 及时清除库房内的植物残渣和废弃物。库内用6～14目活性炭或洗气瓶净化空气，以吸附乙烯。此外，鲜切花不宜与水果、蔬菜共用同一冷库。

第五章
插花制作

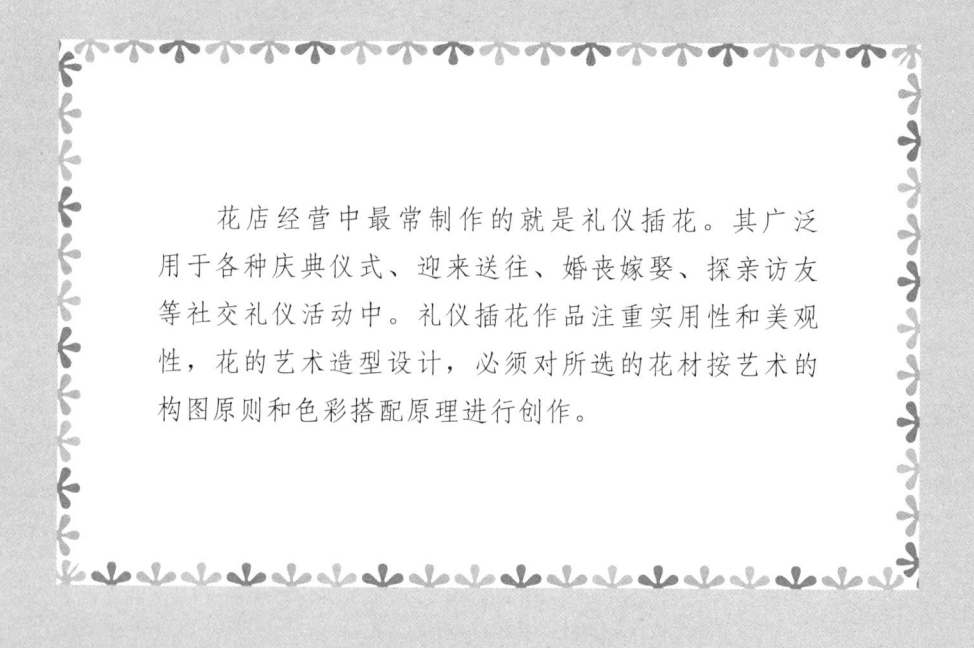

花店经营中最常制作的就是礼仪插花。其广泛用于各种庆典仪式、迎来送往、婚丧嫁娶、探亲访友等社交礼仪活动中。礼仪插花作品注重实用性和美观性，花的艺术造型设计，必须对所选的花材按艺术的构图原则和色彩搭配原理进行创作。

第一节
花材搭配,追求相得益彰

制作礼仪插花,不论是花篮、花盘还是花束,都要事先对花材进行挑选和搭配。花材搭配技巧是至关重要的一环,能反映出花艺设计师的审美品位和专业能力。

一、花材的形状

花材根据形状的不同可分为线状花材、团状花材、散状花材和特殊形状花材四种,如图5-1所示。

线状花材　　　　　团状花材

散状花材　　　　　特殊形状花材

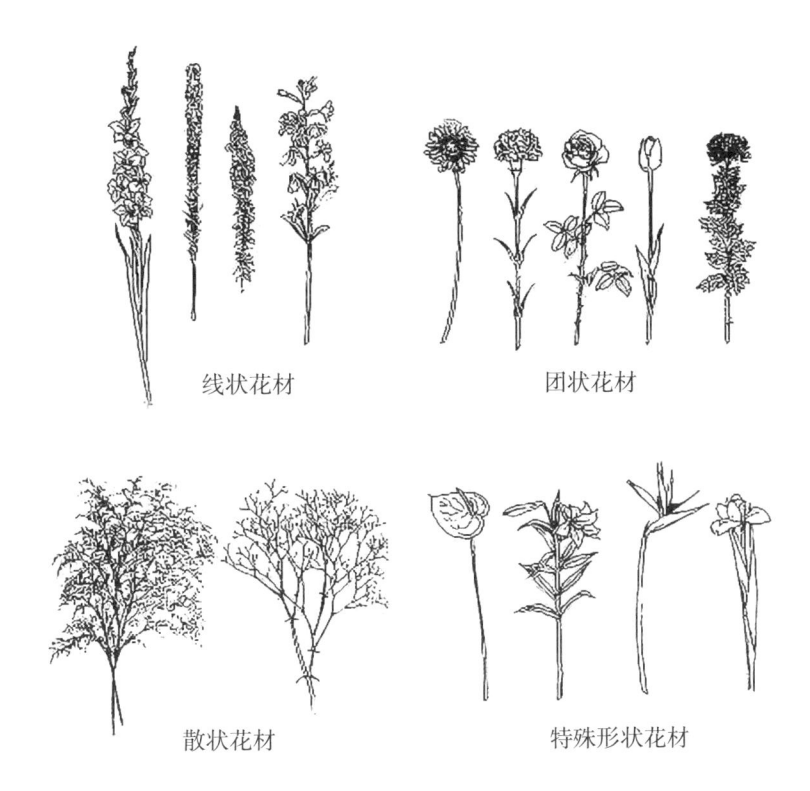

图5-1　花材的形状

各种形状的花材，其特点与作用各不相同，在插花作品中也具有不同的表现力。具体如表5-1所示。

表5-1　各种形状的花材对比

形状	特点	作用	常见种类
线状花材	植物叶片、枝条或者花束呈长条形或枝条形	作为花艺造型的基础架构	唐菖蒲、龙柳、文心兰、排草、巴西铁、吊兰、银芽柳等
团状花材	花朵或叶子比较大，有重量感	作为整个插花作品的焦点或用以重叠、铺垫等	月季、非洲菊、百合、康乃馨、向日葵、菊花、大丽花、牡丹等
散状花材	以数个个头很小的花以松散或紧密的形态集结而成	用作填充、平衡和色彩调和	满天星、勿忘我、情人草、加拿大一枝黄花等
特殊形状花材	形体较大，花的形态奇特，容易引人注目	用作焦点花材	马蹄莲、天堂鸟、红掌、帝王花等

1. 线状花材

线状花又称线形花，是构成花型轮廓和基本骨架的主要花材。各种长形的植物根、茎、叶和枝条，如唐菖蒲、蛇鞭菊、菠萝菊、飞燕草、紫罗兰、金鱼草、贝壳花、香蒲、银芽柳、红瑞木、龙桑、苏铁、散尾葵、肾蕨、尤加利、一叶兰、朱蕉等都是良好的线状花材。

线条有曲直、粗细之分，其表现力各异。曲线优雅抒情、自然飘逸，富于动感；直线端庄、刚毅，展现出旺盛的生命力；粗线雄壮、有力，展现出阳刚之美；细线纤弱、秀美，展现出清新温柔之态。

2. 团状花材

团状花材又称圆形花，花朵一般呈圆团状，如玫瑰、月季、菊花、香石竹、百合、非洲菊、郁金香、鸢尾、睡莲和草原龙胆等；也有呈块状的，如天竺葵、八仙花、百子莲等。从几何的角度来说，这类花又被称为点状花，常作为主要花材插在骨架轴线范围内，在造型中作为焦点花使用。一些叶片平展的花材，如龟背竹、绿萝、海芋、鹅掌柴等，也是很好的焦点花材。

3. 散状花材

散状花材又称散点花，通常指的是由许多简单的小花组成的大型、蓬松、轻盈的花序枝。如满天星、霞草、勿忘我、情人草、黄莺、落新妇、茴香、文心兰、石斛兰等。这些花材如薄雾，如轻纱，常给人朦胧、梦幻之感，在插花中散插在主要花材之间，起填充、陪衬和烘托的作用。

4. 特殊形状花材

特殊形状花材顾名思义是指花型奇特的花材。这类花材一般形体较大，1~2朵足以引起人们的注意，适宜作为焦点花材来使用。常见的特殊形状花材有鹤望兰、黄苞蝎尾蕉、红掌、马蹄莲、卡特兰等。

二、花材的挑选

鲜花的美丽在于"新鲜"，因此，选购新鲜的花材是制作插花的第一步。挑选花材的过程，可以看作是构思的过程。花艺师应从以下几个方面来考虑。

1. 要考虑目的和用途

花艺师应当根据花艺制作的目的和用途，来确定花艺作品的主题，以此决定采用何种花材。

比如，插制喜庆用花时，应选择花色明亮艳丽、花型丰满美观、寓意美好的花材；而插制一般家用装饰花时，则应选择花色柔和恬淡、花型柔美优雅，给人温馨生活气息的花材。

2. 要在一定程度上考虑季节性

古人插花取材是因地制宜，按季节变化选材，择优选用。例如荷花代表夏天，菊花代表秋天。春天插花时不宜选用秋天的花材，夏天插花时不宜选用冬天的花材。但随着现代栽培技术的提高、品种的更新等，反季花材已经非常普遍，只是选择花材时始终还有四季的框架思维罢了。

比如，春季插制花艺制品时，可注重展现生机和活力；夏季可通过花艺制品营造宁静、清凉的气氛等。

3. 要考虑个人喜好

所谓个人喜好，不仅仅指花艺制作者的喜好，更重要的是顾客的个人喜好。因此，花艺师在构思和选材时要考虑周全。

三、花材的搭配

花材的搭配也要根据花艺作品的用途来确定。花艺师可从如图5-2所示的几个方面来考虑。

要点一　注意花材线条形式的应用

线状花材构成花艺制品形状的骨架，因此花材的线形搭配是很重要的。花材的线形可分为直线形、曲线形。直线象征着力量和阳刚；曲线象征着柔婉和妩媚

要点二　注意花材色彩的调和

虽然色彩的应用需要根据作品的主题来确定，但每个作品中的色彩应当协调，习惯的做法是确定了作品的色彩基调（暖色调、冷色调或中间调）后，再围绕这一基调选择花材

要点三　注意花材姿态的配合

花艺作品中花材的大小和花型对主题的表现相当重要。花型、姿态应相互配合，使花艺作品的外观形状、线条形式和色彩搭配保持协调

图 5-2　花材搭配的要点

四、花色的搭配

花色的搭配非常重要，也较难处理。因为花色最引人注目，最具感染力，所以插花作品中，花色搭配的好坏，常常成为作品成功与否的关键，也是花艺师艺术造诣高低的体现。花色搭配涉及许多色彩学方面的基本知识，花艺师应了解与掌握相关知识。

1. 色彩的性质和特点

（1）色相的种类。

色相可分为如表5-2所示的四类。

表 5-2 色相的种类

序号	种类	具体说明
1	原色	指能混合成其他色彩的颜色。有红、黄、蓝三原色
2	间色	用三原色中的任意两色混合而成的颜色。如橙色由红色与黄色混合而成；绿色由黄色和蓝色混合而成；紫色由红色和蓝色混合而成
3	复色	指由两间色混合而成的颜色。具有缓冲调和作用。如橙绿色由橙色与绿色混合而成；紫绿色由紫色与绿色混合而成；橙紫色由橙色与紫色混合而成
4	补色	一原色同另外两原色的间色之间为互补色，每对互补色都为一明一暗、一冷一热的对比色。如红和绿、黄和紫、蓝和橙

每一色相都有不同的明度（明暗、深浅变化）和不同的纯度（饱和度）。一般原色的明度和纯度最高，间色次之，复色最低。明度、纯度越高，则颜色越明亮、鲜艳，反之则越灰暗。

（2）色彩的感觉。

不同色彩给人不同的感觉，如色彩的冷暖、远近和轻重等，这是人们长期生活实践的结果。人们对色彩的感觉分为如图5-3所示的三类。

冷色系	暖色系	温和色系
白、紫、蓝色容易使人联想到水、冰和雪，从而产生冷凉之意	红、橙、黄色容易使人联想到太阳与火，从而产生温暖、热烈之意	介于冷暖色系之间的颜色，如绿、灰、金、银、黑等颜色，它们常起缓冲调和作用

图 5-3 色彩给人们的感觉

2. 花色搭配的要点

花色搭配实质上是处理不同花色之间的协调与对比、多样与统一的关系问题，因此首先应当按照色相的种类和色彩的感觉进行搭配。具体要求如下：

① 每件作品中，花色相配不宜过多，否则容易产生眼花缭乱之感，一般以1~3种花色相配为宜。

② 多色相配应有主次。如果礼仪用花要求喜庆气氛浓烈，选用多色花材搭配时，一定要有主次之分，确定一主色调，切忌各色平均使用。

③ 除特殊需要外，一般花色搭配不宜用对比强烈的颜色相配。如红、黄、蓝三原色，各自的明度、纯度都很高，相配在一起，虽很鲜艳、明亮，但容易刺眼，应当

在它们之间穿插一些复色的花材或绿叶，以起缓冲作用。

④ 不同花色相邻之间应互相呼应，以免显得孤立和生硬。

> **温馨提示**
>
> 花色搭配最重要的一点是色彩相和，和则生动、神气。具体搭配应根据插花作品的使用目的、环境的要求以及花材容器条件酌情组合。

3. 常见的花色组合

（1）单色组合。

选用一种花色构图可用同一明度的单色相配，也可用不同明度（浓、淡）的单色相配。

比如，现代西方婚礼用花喜用白色，新娘捧花和所穿婚纱均用白色，极富纯洁高雅之意。

（2）类似色组合。

类似色组合，就是色环上相邻色彩的组合（即色环上任何90°夹角内三角组合）。由于它们在色相、明度、纯度上都比较接近，互有过渡和联系，因此组合在一起容易协调，显得柔和典雅，适宜在书房、卧室、病房等安静环境内摆放类似色组合鲜花。

（3）对比色组合。

对比色组合，就是色环上两个对应色彩的组合，即互补色的组合。

比如，红与绿、黄与紫、橙与蓝，都是具有强烈刺激性的互补色，它们相配容易产生明快、活泼、热烈的效果。

此种对比色组合，西方古典插花最为常用，礼仪插花也常使用。

> **相关链接**
>
> **如何为顾客搭配鲜花**
>
> 顾客来买花，花店要会搭配，以满足顾客的不同需求，这是必备的技能。

1. 探病鲜花搭配

可插制以剑兰和康乃馨为主的组合花篮或花束，取剑兰的"剑"字谐音，取康乃馨的"康"字，合起来为"健康"两字。一般不给病人送盆花，因为盆花有根，易使人联想成病留根，寓意不好。

2. 结婚鲜花搭配

插制以百合为主的花束，意为百年好合。

3. 丧事鲜花搭配

搭配黄、白菊花，或黄白色为主的花篮、花束、花圈，还可加入紫色花。

4. 生育鲜花搭配

粉红色代表女性，可插制以粉红色为主的花篮、花束送给年轻的母亲。

5. 恋人鲜花搭配

可送红玫瑰、百合、红掌等单一花材或组合花束。妻子送给老公可搭配以扶郎花为主的花礼，取"扶助郎君"之意。

6. 开业鲜花搭配

送开业花篮或发财树，取"生意兴隆"之意。

7. 生日鲜花搭配

老人生日可搭配松枝、鹤望兰，并以其为主组合成花篮或花束，取"松鹤延年"之意；朋友生日可按星座幸运花搭配花礼，也可送红色为主的花，取"火红年华"之意；母亲生日送康乃馨；父亲生日送黄玫瑰；爱人生日送玫瑰、百合等。

8. 乔迁鲜花搭配

乔迁新居，一般以向日葵为主花，搭配百合、桔梗，黄白相间，满是温馨与希望，共贺新程。

9. 宴会、会议鲜花搭配

一般搭配圆形、椭圆形的桌花，供四面观赏。花形不宜过高，以20厘米左右为宜，以免遮挡视线，尤其宴会用花，要注意保持枝叶干净，有些叶子，如黄杨湿的时候很绿，干了后可看到叶上有土，要注意用前清洗。

10. 演讲台鲜花搭配

演讲台插花不宜太高，一般为20~30厘米，部分花材下垂，因此冲下方向的花材要用茎柔软的花材，如兰花、文竹等。

11. 机场接人鲜花搭配

可赠送单面花束，便于人家一手拿行李，一手拿花。

只要熟练掌握上述方法，就能轻松、专业地帮助顾客推荐、搭配鲜花了。

第二节
花束制作，力求美观协调

花束是将花材按照一定的要求绑扎成具有艺术美感、成束成把的插花形式。花束制作快捷，携带方便，被广泛用于礼仪交往和礼宾活动之中，十分受欢迎，成为花店的主要产品之一。

一、花束的结构

花束是一种礼仪用品，需要在人们的手中传递和表示，这就要求花束能适合人的形体和体能。完整的花束由如图5-4所示的三个部分组成。

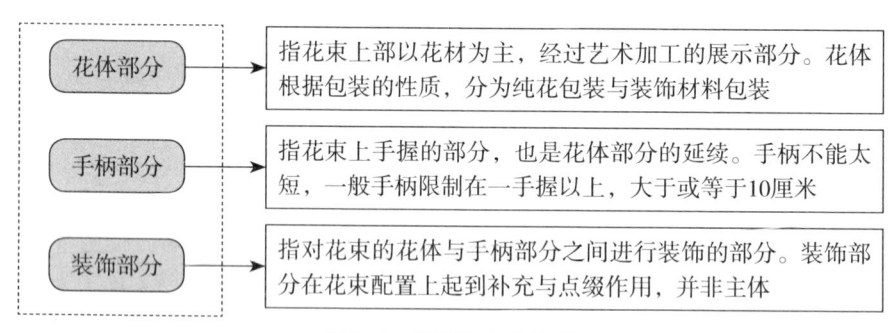

花体部分	指花束上部以花材为主，经过艺术加工的展示部分。花体根据包装的性质，分为纯花包装与装饰材料包装
手柄部分	指花束上手握的部分，也是花体部分的延续。手柄不能太短，一般手柄限制在一手握以上，大于或等于10厘米
装饰部分	指对花束的花体与手柄部分之间进行装饰的部分。装饰部分在花束配置上起到补充与点缀作用，并非主体

图5-4 完整花束的构成

二、花束的造型

常见的花束有单面观赏花束、四周观赏花束、单枝花束、礼盒花束、架构花束五种造型。

1. 单面观赏花束

制作单面观赏花束时要求花面向外,尽量不要朝着里面。它的种类很多,有着很大的可变性。如扇形、尾羽形、直线形都可以作为单面形态出现,如表5-3所示。

表5-3 单面观赏花束造型

序号	花束造型	具体说明
1	扇形花束	扇形花束的展面较大,视觉冲击力较强。花束的展开角度应该大于60°
2	尾羽形花束	尾羽形花束与扇形花束十分接近,展面略小,其展开角度小于60°
3	直线形花束	直线形花束有着轻松、流畅的线条,该造型花体部分相对比较集中在中轴线附近,只是花枝伸展的前后跨度比较大

单面观赏花束造型效果如图5-5至图5-7所示。

图5-5 扇形花束　　　图5-6 尾羽形花束　　　图5-7 直线形花束

2. 四周观赏花束

四周观赏花束是一种在手持状态下,从四周任何一个角度观赏都具备可观性的花束,比较适合在公共场所礼仪场合中使用。它的造型很多,若设定中轴线,可以看到左右两半是同形同量的。当然也有变化形态的花束造型,如不对称组群、局部外挑等,如表5-4所示。

表 5-4　四周观赏花束造型

序号	花束造型	具体说明
1	半球形花束	半球形花束是一种密集型的花体组合，无论大小，花束顶部始终呈圆形凸起状态。理想展示角度是以高度半径形成半球
2	漏斗形花束	漏斗形花束的花体侧面造型似漏斗状或喇叭状。漏斗形花束的花体部分比半球形花束长，其展开角度也较小
3	火炬形花束	火炬形花束呈现自上而下逐层扩展的表现形态。从几何角度看，花体部分是一个等腰三角形。若从主体几何角度看，花体部分是一个圆锥形
4	放射形花束	放射形花束的关键在于线性花材的运用：花材从中心点同时向上方及四周延展，形成类似阳光放射的立体结构。从侧面看，与扇形外轮廓结构有相似的地方。从主体的角度看，造型与球形和半球形相似。造型既饱满又通透，既简约又富于变化，适合探亲访友或登门拜访使用，这样的花束可直接放入花瓶中
5	球形花束	球形花束呈现花材聚合成球状的造型。要求花束的构成完全呈球形是不可能的，因为手柄处需要留出部分空间。从其结构上分析，花束手柄的起始位置看似在圆形的切线上
6	不对称组群的花束	不对称组群的花束呈现一种活泼、灵动的艺术形态。从结构关系上看，不同的花材分类组合，各花群按方位组合。但不论如何配置，所有的花材都必须围绕中轴线进行表现
7	局部外挑花束	局部外挑花束并无明确的形态定式，是在各种规则的基本定式或形态上，用线状花材如钢草、熊草、文心兰等去突破框框，使原来规则的结构变得活泼。切勿使花体出现失衡现象，应做到有变化而不失固有特色

四周观赏花束造型部分效果如图5-8至图5-13所示。

图 5-8　半球形花束　　　图 5-9　漏斗形花束　　　图 5-10　火炬形花束

图 5-11　放射形花束　　　　图 5-12　球形花束　　　　图 5-13　局部外挑花束

3. 单枝花束

馈赠单枝花束（如图5-14所示）在欧美国家和地区十分普遍，这是一种礼仪，也是一种文化彰显。它的使用还有许多文化因素存在，通过赠花能够表达言语难以表达的意思，还能营造良好的气氛。

图 5-14　单枝花束

有含义的单枝花材多选用月季、香石竹、菊花等块状花，一来花枝坚挺易包装，二来每种花都有明确的含义。

4. 礼盒花束

礼盒花束（如图5-15所示）一般是以束状体出现，但近年来也有些花束以盒装的形式出现。由于礼盒是花束的二次包装，因此，礼盒花束具有携带与传递方便的优点。

图 5-15　礼盒花束

5. 架构花束

现代艺术潮流在影响世界文化的同时，也影响着插花艺术。作为现代花艺的革新手段，架构技术通过材料重组与结构创新，为花艺师提供了突破传统造型的解决方案，催生出更具观念性和装置感的商业作品。架构花束（如图5-16所示）可以分成两个部分考虑：一是构架的处理，二是花材的配置。构架具有装饰和固花的双重作用。

图 5-16　架构花束

三、花束的制作

花束制作最能反映出花店工作人员的业务能力。制作过程通常是由一个人单独完成的，包括花材的整理、挑选、绑扎、包装、装饰等。

1. 花材选择

花束的花材选择是有讲究的，不同的用途需要不同的花材去支撑，不同的花材会有不同的效果。制作者应根据花束的用途、赠送对象来决定花束的配色、气质和主题，从而挑选合适的花材。

除此之外，花材的选择没有什么硬性要求，但最好按照如图5-17所示的一把花束"三个中心"的原则来制作。

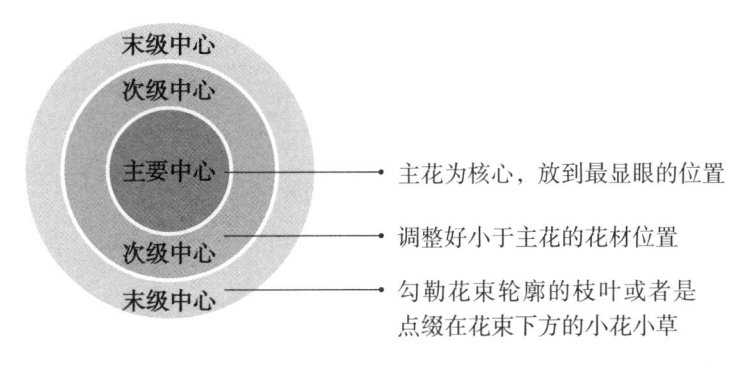

主要中心 —— 主花为核心，放到最显眼的位置
次级中心 —— 调整好小于主花的花材位置
末级中心 —— 勾勒花束轮廓的枝叶或者是点缀在花束下方的小花小草

图5-17 一把花束"三个中心"的原则

想要让花束达到完美的平衡，这"三个中心"一定要抓住。另外，应根据花材自身的特点，选择花材放置的位置，是向上方挑出还是向下方伸展，或者是放在花束中心等。

> **温馨提示**
> 花束中用于陪衬主花的花材不可随意搭配，需要与主花有良好的配合。

2. 制作方法

花束制作在插花艺术中是独具特色的，与其他插花艺术有所不同。最重要的是要解决好枝干排列和固定问题，它是花束制作成败的关键。常规的花束制作，采用螺旋式和平行式两种枝干排列固定法。螺旋式花束枝干排列固定法，是制作花束最基本、最重要的技巧。平行式花束枝干排列固定法以直线形等花束造型为主要制作对象。

3. 花束包装

用于花束包装的材料有很多，如塑料纸、彩纸、手揉纸、皱纹纸、棉纸、不织布等。

（1）花束常见包装方法。

花束常见包装方法有如图5-18所示的几种。

三角形包装法	多边形包装法	椭圆形包装法
网状形包装法	长方形包装法	半圆形包装法
正方形包装法	条形包装法	扇形包装法

图 5-18　花束常见包装方法

（2）花束包装注意事项。

制作精美的花束要用合适的纸张去包装，就像枝叶衬托美丽的花朵一样，合理地搭配才能让鲜花突出花艺师所表达的意思和情感。因此，花艺师在包装鲜花时，要注意如图5-19所示的几点。

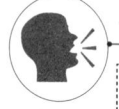

事项一　不能损坏花卉本身的形象

包装只是起到一种辅助作用，主体还是花卉本身。因此，在包装的过程中不能损坏花卉本身的形象

事项二　要符合顾客的需求

包装时，不仅要满足顾客的要求，同时还要考虑到接受礼物一方的年龄、性别、爱好等

事项三　要结合时间、场所、目的、气氛等

在包装前要先了解顾客送花的目的，是祝贺用，是表达爱意用，还是看望病人用，不同的情况要选择不同的包装

事项四　不能只局限于自己熟练的包装方式

不能只用自己最熟练的方法，这样不仅没有进步，而且会离流行趋势越来越远。要选择符合流行趋势的包装方法，并且努力在此基础上创造出新的包装方法

事项五 尽量使鲜花在运送时保持新鲜度，并且防止被损坏

做花束的鲜花要做保鲜处理。做花束前，先将鲜花放在盛有保鲜剂的容器里浸泡。在包装时要考虑到鲜花在包装后运送所需时间的长短及路途的远近。要做到在运送的过程中，包在花茎下面的水不会流出来，并且选择能长时间维持花卉新鲜的包装

事项六 要在成本上多费心思

虽然包装使花卉的商品性提高，但不是所有的花都是包得越华丽越好。过分地包装会增加成本，因此，要把握好度，不要浪费

事项七 灵活运用各种装饰品和包装纸

灵活运用缎带、珠片、亮粉等一些小装饰品，这些都可以为包装增色不少。另外，也要根据花束的特点来选择不同材料的包装纸，以便更好地展示花束

事项八 包装完成后一定要再次检查花束

包装完成后要检查一下花束整体是否平衡、是否结实等

事项九 要告知顾客持花的要领及保养知识等

把花束交给顾客时要告知对方持花的要领、运送方法、保养的知识及送花的礼仪等，同时可赠送一小袋鲜花保鲜剂给顾客，以延长花期

图 5-19　花束包装注意事项

四、花束的保养

制作好的花束需要及时保养，才能保证花朵新鲜。

1. 自身保水

花束在无水状态下，只能维持几小时的新鲜度，制作者应在制作花束时考虑到花束自身保水的问题。花束的手柄部分是鲜花枝梗聚合的地方，可从这里着手解决保养问题。先用少许脱脂棉包住花梗切口处，再用塑料纸包裹，完成花束包装后并加入少量水。

2. 辅助保水

辅助保水是指将花束放入花瓶或水盘里水养。花束在制作中，花枝聚合在一起形成把束，长把束可以放在花瓶中水养；螺旋状散枝的花束自身可以直立，只要在水盘里加水后放入花束即可。

第三节 花篮插花，巧于立意构思

花篮插花是指用木、竹、藤等材料编织的篮子作为花器，以鲜花或仿真花、干花作为花材，根据不同场合和用途而制作的插花艺术品。

一、花篮插花的功用

花篮插花的功用甚多，通常在喜庆宴会、迎送宾客、开业庆典、演出祝贺以及悼念活动中使用。花篮有礼仪花篮（如图5-20所示）和艺术花篮（如图5-21所示）两种。礼仪花篮具有欧美风格，色彩绚丽、气氛热烈，在礼仪往来中较为常用。艺术花篮的表现手法和花瓶插花相同，只是花篮内要设法安置盛水和固定的器具。

图 5-20　礼仪花篮　　　　图 5-21　艺术花篮

二、篮器的形状和材料

市场上专用的花篮形状很多，常用的有浅口花篮、元宝花篮、荷叶边花篮、筒状花篮、双耳花篮、有柄花篮、无柄花篮、壁挂花篮、单层花篮、双层花篮、组合花篮等。

花篮通常是用竹、柳、藤等编扎成的精巧工艺品。

三、花篮插花的类型

花篮插花分为以下两种类型：

1. 四周观赏花篮

四周观赏花篮（如图5-22所示）要求花体四周对称，所用花材、花色分布匀称，从各个角度观赏都能获得同样的效果，不能出现主与次、正面与背面的区别。一般要求花体部分的直径要大于篮口的直径。

图5-22 四周观赏花篮

2. 单面观赏花篮

单面观赏花篮（如图5-23所示）以正面观赏为主，兼顾左右两侧的造型。单面观赏花篮的花体展示面较大，气氛热烈，有良好的视觉冲击效果。在插花应用中，花材可以多次更换。

图 5-23　单面观赏花篮

四、花篮插花的制作

花篮是插花艺术的一种特殊形式。花篮插花制作是一种创造性的工艺,是每一家花店、每一位花艺师都要有的技能。

1. 花篮的制作要求及注意事项

① 选用花材时应注意在质感上要与篮子相协调。

② 篮子都是编织而成的,都是通透、漏水的。所以为保证花泥吸水后不漏水,插制前,应先用塑料纸垫在篮底。

③ 花篮主要通过篮身、篮沿及提梁表现其造型的优美,特别是流畅弧线形的篮沿和具有框景特点的提梁,都应作为插花构图的一部分,有虚有实、有露有藏地把它们表现出来。

④ 鲜花插好之后,应该查看一下是否还有不足之处,或者增加一些小装饰,使其更富有情趣。

⑤ 如果插好的是一个长柄花篮,可以在篮柄上用彩带扎上一个蝴蝶结,并让彩带向下披挂。

⑥ 如果客人购买花篮是要赠送给别人，就可在花篮内插入卡片或飘带，并且写上祝贺词和落款。

2. 花篮制作常用工具及花材

（1）常用工具。

剪刀、玫瑰钳、塑料纸、绑扎绳、花泥、水桶、花篮等。

（2）常用花材。

① 线状花材：唐菖蒲、银芽柳等。

② 团状花材：百合、月季、菊花、非洲菊、香石竹等。

③ 特殊形状花材：红掌、鹤望兰、蝴蝶兰、马蹄莲等。

④ 衬叶：散尾葵、鱼尾葵、八角金盘等。

3. 花篮的制作方法

（1）庆典花篮（如图5-24所示）的制acuminate作方法。

① 在花泥的中后部插入1枝花枝，以确定高度；选2枝花枝分别插在左右两侧，确定宽度（高度的1/2～2/3）；再用1枝花枝插在花泥的前部，水平向前，确定厚度（高度的1/5～1/4）。通过4枝花枝定位，其他的花枝插在这4枝花枝的中间，以连线完成基本骨架。

② 要注意花篮的整体颜色搭配，外围部分可使用一些线状花材，如唐菖蒲、蛇鞭菊等，让其均匀向外伸展，给人以舒展的感觉。

③ 内层以团状花材为主，如月季、康乃馨、非洲菊、菊花等，靠近花篮下部的花材要尽量使花头朝前。

④ 用彩带装饰花篮，并挂上祝贺的条幅。小型的花篮不制作腰花，可在腰部进行装饰。

图5-24　庆典花篮

（2）果蔬花篮（如图5-25所示）的制作方法。

① 固定花泥。先用塑料纸包住花泥下半部，放在篮子的一侧，并用透明胶带或塑料绳等将其与篮子绑扎紧，以防滑动。

② 放置果蔬。在篮子的另一侧放置果蔬，为防止果蔬散落，保证更加卫生和美观，在果蔬下面垫一张干净的塑料包装纸，或用保鲜膜将果蔬包封。

③ 插花造型。可参考西式插花的制作方法，插制成新月形、L形、不等边三角形、倾斜形等造型。在进行整体构图时，注意果蔬放置的位置，或介于两组鲜花之中，或在鲜花的一侧。一种是以鲜花为主，果蔬为辅；一种是以果蔬为主，鲜花为辅。

④ 装饰。将篮边、提手等部位用纱网、绸带等装饰。如用于探亲访友，还要挂上条幅或插上卡签，以表达送花者的祝福之意。

图 5-25　果蔬花篮

（3）生日花篮（如图5-26所示）的制作方法。

生日花篮因生日对象的不同，在选材、色彩造型上区别对待，才能恰如其分地表达祝福。常见的生日花篮有儿童生日花篮、成年人生日花篮、祝寿花篮等。生日花篮的制作方法如下：

① 固定花泥。先用塑料纸包住花泥下半部，放在篮子的一侧，并用透明胶带或塑料绳等将其与篮子绑扎紧，以防滑动。

② 放置礼品。在篮子的另一侧放置礼品，下面垫一张干净的塑料包装纸。

③ 插花造型。插花造型同果蔬花篮一样。

④ 装饰。将篮边、提手等部位进行装饰。选择印有"生日快乐""岁岁如意""前程似锦""大展宏图"等贺词的贺卡,以表达送花者的祝福之意。

图 5-26　生日花篮

五、花篮插花的保水

花篮插花的保水方法有两种:

1. 水具保水

即在花篮里放一个水盆或罐子、茶杯、碗等,若按花篮本身特点选用水具更佳。

2. 花泥保水

花泥具有很强的吸水和保水能力,还可以根据需要任意切割。花泥可以承受来自各个方向的花枝插入,不会松散,但不宜反复使用。

制作者可以用小细口壶或矿泉水瓶,从花篮的中间位置给花泥注水,以保证鲜花有水分吸收,切忌往花头、花枝上面喷水,这样会缩短鲜花的寿命。

> **温馨提示**
>
> 鲜切花跟盆栽植物不同,它们不喜欢光照,所以插好的花篮不要放在阳光所及的范围内,尽量放在阴凉的地方,以延长花期。

第四节
婚庆插花，突出色彩寓意

婚庆插花是婚礼上的装饰用花。随着民众消费水平和审美水平的提高，大众对婚宴中花艺的需求日趋旺盛和精益求精，在一线、二线城市中，一场婚礼中花材的费用大约会占到总费用的三分之一。

一、婚庆插花的特点

婚庆插花要求具备如图5-27所示的四个特点。

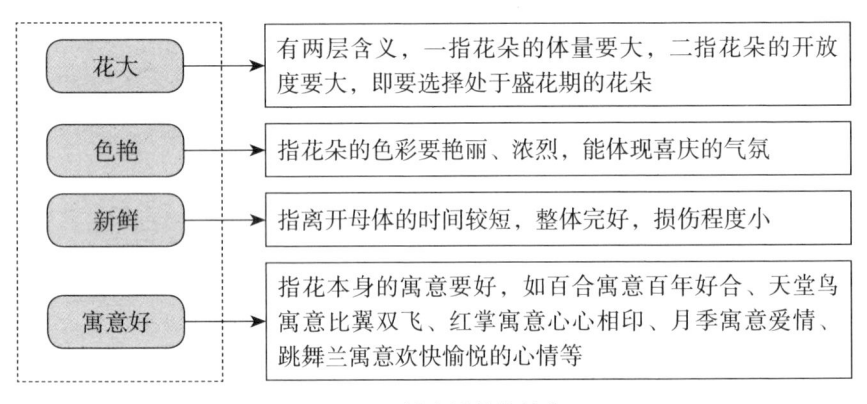

花大	有两层含义，一指花朵的体量要大，二指花朵的开放度要大，即要选择处于盛花期的花朵
色艳	指花朵的色彩要艳丽、浓烈，能体现喜庆的气氛
新鲜	指离开母体的时间较短，整体完好，损伤程度小
寓意好	指花本身的寓意要好，如百合寓意百年好合、天堂鸟寓意比翼双飞、红掌寓意心心相印、月季寓意爱情、跳舞兰寓意欢快愉悦的心情等

图 5-27 婚庆插花的特点

二、婚庆常用的花材

婚庆的常用花主要有玫瑰、绣球、百合、红掌、天堂鸟、跳舞兰、蝴蝶兰、月季、剑兰、洋兰、非洲菊、康乃馨、桔梗、满天星、情人草、勿忘我等；常用叶主要有巴西木叶、针葵、散尾葵、剑叶、龟背竹、水芋、文竹、蓬莱松、天门冬等。

三、婚车装饰

布置美观大方的婚庆花车不仅可以提高婚庆仪式的档次，而且可以烘托愉悦、欢庆的仪式氛围，为新人们带来优雅的体验和美的享受。然而，婚庆花车（如图5-28所示）的布置并不是一蹴而就的，有很多问题值得考虑和注意。

图 5-28　婚庆花车装饰效果图

1. 车头布置

车头是婚庆花车布置的重点部位，它的装饰效果直接决定了花车的视觉效果。其布置过程如下：先用包装纸和包装彩带包裹花泥，然后用塑料吸盘将花泥固定在车头，塑料吸盘的数量是有讲究的，以6或8为宜，最后在花泥中依次插入轮廓花、主体花、填充花及填充叶。花泥、包装纸、包装彩带和塑料吸盘都要遮盖好，暴露出来会影响美观。

2. 车顶装饰

车顶的鲜花装饰相对比较困难，鲜花需要固定在一个较大的曲面上，固定时要确保牢固，且车顶装饰常采用下垂的瀑布式造型。车顶的装饰过程和车头类似，但是插花的高度略有不同。车头的插花高度需控制在30厘米以内，而车顶的插花高度需控制在20厘米以内。

3. 车尾装饰

车尾的装饰相对比较简单，且由于不受视线和空气阻力的影响，布置者有很好的发挥空间。其布置过程如下：用吸钩、吸盘和包装纸将装有心形图案的花泥固定在车尾处，然后在花泥中插入鲜花，以单品种为宜，注意不要混搭，最后用叶子填充花泥的空隙。

4. 车门装饰

车门是上下车的必经之处，所以车门的装饰起到锦上添花的作用。车门装饰的过程如下：用包装纸把月季或康乃馨和配叶包好（花卉品种忌混搭），用蝴蝶结包扎花卉后，用包装彩带和胶带将其固定在车门把手上即可。如果是高档轿车则可以选用高档花卉，如红掌、百合等。

5. 车体边缘

车体边缘的装饰可供选择的花卉有百合、红掌、月季等；配花为情人草、勿忘我；配叶为文松或天门冬。如果选用简单的装饰，直接用胶带把花卉固定在车体边缘就可以了。如果要装饰得精致些，需要用塑料吸盘将花卉固定在车体边缘。花朵之间要保持一定的间距，而且要注意不能混搭。

四、仪式区的布置

证言仪式的场地可以选择在户外的草坪、庭院或者婚宴现场的主舞台上。在可以享受阳光的户外，花艺装饰的色彩应尽可能粉嫩、活泼、跳跃。而室内的婚宴主舞台，冷色调或色调对比鲜明的花艺装饰可以很好地糅合室内的环境灯光，在表现高雅气质的同时具有视觉吸引力。装饰效果如图5-29所示。

图 5-29　婚礼仪式区鲜花装饰效果图

五、迎宾区的布置

迎宾区是婚庆活动的第一道风景线，直接决定了来宾的第一印象，所以布置时既要风格统一又要别出心裁。婚礼花艺的花器，无论玻璃的、藤艺的、盆形的、球形的、柱状的，从庄重高雅的大型花艺，到清新野趣的花艺小品，配合场地条件，都可以达到不同的视觉效果。装饰效果如图5-30所示。

图 5-30　婚礼迎宾区鲜花装饰效果图

六、餐桌的布置

餐桌上的花艺要恰如其分地烘托现场的气氛，婚宴大厅的高度、酒席桌数及餐桌的大小都是要考虑的因素。除了主花，在每一位来宾的餐巾扣上用相同花材点缀一支小花或叶片，能让婚礼更显精致用心。装饰效果如图5-31所示。

图 5-31　婚礼餐桌鲜花装饰效果图

七、新娘手捧花制作

手捧花源自西方宗教结婚仪式，一般应与新娘的身材、服饰等协调搭配。

1. 手捧花的造型

手捧花的造型也是风格种类各异的，主要有如表5-5所示的几种。

表 5-5　手捧花的造型种类

序号	造型	具体说明
1	圆形	将花材组合成半球形花束，是最经典、最百搭的手捧花款式
2	瀑布形	花材像瀑布一样向下垂坠延伸，整体造型呈现华丽的厚重感。根据新娘的身高和婚纱的款式确定"瀑布"的最佳长度
3	水滴形	水滴形的手捧花像一滴倒置的泪滴，捧花上部呈圆形，下部逐渐变窄，比瀑布形的手捧花更加轻巧精致
4	臂弯式	花束造型一般比较简练，保留比较长的花茎，强调优美的花茎线条，新娘手持的时候刚好放在臂弯，是非常优雅的手捧花
5	水平形	以手握的地方为中心，花材向横向水平方向延伸出去，洋溢着自然的气息
6	新月形	貌似水平形的手捧花，新月形的手捧花利用花材的曲线勾勒出优雅的弧线
7	手提式	一般是将花材组合成花球，花球上系上缎带，可以手提或者挂在手腕上，非常俏皮可爱。在日式婚礼上更加常见
8	复合式	将花瓣拆下重新组合，形成更大的"一朵"花，单独成为一个花束，或者跟其他的花材搭配使用
9	特殊造型	除了上面的常见款式，还有一些特殊造型的手捧花可以选择，比如心形、扇形等

手捧花的造型效果如图5-32至图5-40所示。

图 5-32　圆形手捧花　　　图 5-33　瀑布形手捧花　　　图 5-34　水滴形手捧花

图 5-35　臂弯式手捧花　　　图 5-36　水平形手捧花　　　图 5-37　新月形手捧花

图 5-38　手提式手捧花　　　图 5-39　复合式手捧花　　　图 5-40　特殊造型手捧花

2. 手捧花的制作方法

各式手捧花的制作方法如表5-6所示。

表 5-6 手捧花的制作方法

序号	制作方法	具体说明
1	手绑花束	直接利用花茎进行捆绑，也被称作自然茎手捧，是最自然、最常见的制作方法。为了让花朵持续吸水，在正式婚礼开始前，最好放在花瓶或浅盘中，以保证水分的供应
2	花泥托手捧	使用手捧花专用的花泥托。花泥托有不同的款式，有直立向上的，也有倾斜的，可以制作成各种形状的手捧花。这种制作方法的最大优点在于能够持续地给花束提供水分，相比手绑花束也有了更强的可塑性，花头的位置更容易被控制
3	铁丝式手捧	去掉每一朵花材的茎部，只保留花头的部分，用鲜花专用胶带将花头和铁丝缠绕在一起，这样就能够大大提高"花茎"线条的可塑性，也可以制作出非常精致小巧的手捧花
4	架构式手捧	利用各种天然或非天然的材料制作成花束的底座或框架，花朵可以是手绑的、接铁丝的，也可以用粘贴的方式。使用架构的制作方法能够实现千变万化的手捧花创意

八、胸花制作

胸花是装饰在新人胸前的花。主花一般用月季、洋兰、蝴蝶兰等，配花用满天星、情人草、勿忘我等，配叶用文竹、文松、天门冬等。制作时将单一的主花、配花、配叶用绿铁丝和胶带纸包扎，忌暴露包装材料，以免损伤服装和影响观瞻。胸花佩戴效果如图5-41所示。

图 5-41 胸花佩戴效果图

胸花的色彩与大小要和新人的服装与身材相协调，胸花一般用1~2枚别针固定在服装上。

胸花一般制作6朵，新人及双方的父母各一朵。

第六章
花语导购

每种鲜花都有它的花语和含义。不同的人、不同的场合、不同的节日，送花也是有讲究的。掌握花语是花店从业者的一项重要技能，这样才能更好地给顾客推荐鲜花，或是根据鲜花来设计花艺作品，达到锦上添花的效果。

第一节 因花而异，给不同客人讲花

在花卉交流中，花语虽无声，但"无声胜有声"，其中的含义和情感表达甚于言语。鲜花能代表送花人表达心意，说出那些无法传达的话语。这是因为花语的存在，赋予了鲜花更多的寓意，传递美好祝福和情感。

一、常见鲜花花语

自然界中的花花草草和人类一样，有自己特有的形态、结构和个性，因而人们常赋予花卉个性化的语言，也就是说用花卉内在的美来表达人们的某些理想和意念，这就是花语。

1. 玫瑰花语

在古希腊神话中，玫瑰集爱与美于一身，是爱神的化身，是用来表达爱情的通用语言。每到情人节，玫瑰更是身价倍增，是恋人、情侣之间表达爱意的信物。玫瑰代表爱情，不同颜色、朵数的玫瑰还另有吉意。

（1）不同颜色玫瑰的花语。

不同颜色玫瑰的花语如表6-1所示。

表6-1 不同颜色玫瑰的花语

序号	颜色	花语
1	红玫瑰	热恋，希望与你泛起激情的爱
2	白玫瑰	高贵、天真和纯洁的爱
3	粉红玫瑰	感动、爱的宣言、铭记于心、初恋，喜欢你那灿烂的笑容
4	黄玫瑰	纯洁的友谊和美好的祝福
5	香槟玫瑰	我只钟情你
6	紫玫瑰	成熟的爱、你的幸福比我的幸福重要
7	绿玫瑰	纯真简朴、青春常驻、永不老去的爱情
8	黑玫瑰	温柔真心，独一无二；忠诚与思念，为我所属

（2）不同朵数玫瑰的花语。

不同朵数玫瑰的花语如表6-2所示。

表6-2　不同朵数玫瑰的花语

朵数	花语	朵数	花语
1朵	你是我的唯一（一见钟情）	36朵	我的爱只留给你
2朵	世界上只有你和我（你浓我浓）	40朵	誓死不渝的爱情
3朵	我爱你	44朵	至死不渝、山盟海誓、亘古不变的誓言
4朵	至死不渝	48朵	挚爱
5朵	由衷欣赏	50朵	无悔的爱
6朵	互敬、互爱、互谅	51朵	我心中只有你
7朵	我偷偷地爱着你	56朵	吾爱
8朵	感谢你的关怀、扶持及鼓励	57朵	吾爱吾妻
9朵	长相守、坚定	66朵	我的爱永远不变
10朵	十心十意，十全十美，无懈可击	77朵	喜相逢、求婚、情人相逢、相逢自是有缘
11朵	爱你一生一世	88朵	弥补歉意，用心弥补一切的错
12朵	全部的爱，对你的爱与日俱增	99朵	天长地久
13朵	暗恋，友谊长存	100朵	白头偕老、百年好合
14朵	骄傲	101朵	唯一的爱
15朵	歉意	108朵	求婚
16朵	一帆风顺，顺利，顺心	111朵	无尽的爱
17朵	伴你一生	123朵	爱情自由、自由之恋
18朵	永远年轻、真诚、坦率	144朵	爱你生生世世
19朵	爱到永久	365朵	天天爱你
20朵	此情不渝，永远爱你	999朵	无尽的爱
21朵	真诚的爱	1000朵	忠诚的爱，至死不渝
22朵	成双成对、两情相悦	1001朵	直到永远
24朵	思念、纯洁的爱	1314朵	一生一世
30朵	请接受我的爱	9394朵	永生永世
33朵	三生三世的爱恋		

2. 蓝色妖姬花语

蓝色妖姬是一种加工花卉，由月季和蔷薇等多种花卉杂交及研制所得。它最早来自荷兰，通常是将一种染色剂和助染剂调合成着色剂，将鲜花喷染成型。

蓝色妖姬的花语是清纯的爱和敦厚善良，适合送给恋人、爱人。不同枝数的蓝色妖姬代表的意义不一样，如表6-3所示。

表6-3　不同枝数蓝色妖姬的花语

枝数	花语
单枝	相守是一种承诺，人世轮回中，怎样才能拥有一份温柔的情意
双枝	相遇是一种宿命，心灵的交汇让我们有诉不尽的浪漫情怀
3枝	你是我最深的爱恋，希望永远铭记我们这段美丽的爱情故事
7枝	无尽的祝福
11支	一心一意
12支+满天星	哦，我的玫瑰情人，我要你做我的蓝色精灵，对全世界扬起骄傲的唇角，在爱的天空中翱翔
19枝	爱是蓝色的海洋，在你我的浪漫世界里，我要爱你、疼你、保护你，一辈子和你在一起
33枝	想与你永结同心，不分不离，直到终老
99枝	情不知所起、一往而深，生者可以死、死者可以生，我的爱注定今生只为你一个人

3. 百合花花语

百合花以其宁静内敛的特点深受人们的喜爱。不同颜色或品种的百合花的花语如表6-4所示。

表6-4　不同颜色或品种的百合花的花语

序号	类型	花语
1	白百合	纯洁、优雅、高贵、庄严、心心相印
2	黄百合	财富、高贵、荣誉、快乐、吉祥
3	粉百合	清纯、高雅
4	圣诞百合	喜气洋洋、庆祝、真情、望乡

续表

序号	类型	花语
5	虎皮百合	执着的爱
6	狐尾百合	尊贵、欣欣向荣、杰出
7	玉米百合	执着的爱、勇敢
8	编笠百合	才能、威严、杰出
9	水仙百合	喜悦、期待相逢
10	黑百合	诅咒、孤傲
11	野百合	永远幸福
12	幽兰百合	迟来的爱

> **温馨提示**
>
> 黄百合的花语有两种意思：如果在朋友之间用就象征友谊永恒，如果在情侣之间用就是分手。

4. 郁金香花语

郁金香有很多种颜色：热情红、优雅黄、娇艳粉、高贵紫、神秘黑、纯洁白……不同的颜色有着不同的花语含义，如表6-5所示。

表6-5 不同颜色郁金香的花语

序号	类型	花语
1	白色郁金香	（1）纯情、纯洁 （2）失恋、失去的爱
2	黄色郁金香	（1）高雅、珍贵、财富、爱惜、友谊 （2）没有希望的爱、无望的恋情
3	粉色郁金香	（1）美人、热爱、爱惜、友谊、幸福 （2）永远的爱
4	红色郁金香	（1）爱的告白、爱的宣言、喜悦、热爱 （2）我爱你

续表

序号	类型	花语
5	紫色郁金香	（1）高贵的爱、无尽的爱、最爱 （2）永不磨灭的爱情、永恒的爱、此生不悔
6	黑色郁金香	（1）忧郁，绝望的爱、美丽却悲哀的爱 （2）神秘、高贵，代表骑士精神
7	双色郁金香	美丽的你、喜相逢

5. 康乃馨花语

康乃馨是优异的鲜切花品种，花色娇艳，有芳香，花期长，适用于各种插花需求，常与剑兰、文竹、天门冬、蕨类组成优美的花束。不同颜色康乃馨的花语如表6-6所示。

表6-6　不同颜色康乃馨的花语

序号	类型	花语
1	紫色康乃馨	率性、任性和变幻莫测，也象征着母亲的高贵、优美、高雅和最真的爱
2	桃红色康乃馨	热爱着你
3	深红色康乃馨	热烈的爱、深深的爱和关怀
4	米红色康乃馨	伤感、伤心
5	黄色康乃馨	对母亲的感激之情，还有你让我感到失望、抛弃、藐视等意思
6	白色康乃馨	吾爱永在、真情、纯洁、甜美而可爱、天真无邪、纯洁的爱、纯洁的友谊、真情和尊敬

6. 蔷薇花语

在中国，蔷薇代表爱情、喜庆，年轻男女之间互赠红蔷薇，寓意初恋之情。而结婚时，亲朋好友可赠送红色或者粉色蔷薇花，表示祝福新人婚姻美满、幸福吉祥。在法国，送女性一枝蔷薇，表示向对方求爱，如红蔷薇表示"我疯狂地爱上了你"，白蔷薇表示"爱情悄悄地萌发"。

不同颜色的蔷薇，其花语也不同，具体如表6-7所示。

表6-7　不同颜色蔷薇的花语

序号	类型	花语
1	红蔷薇	热恋
2	白蔷薇	纯洁的爱情
3	粉红蔷薇	爱的誓言，浪漫的爱情，我要与你过一辈子，我要嫁给你
4	黄蔷薇	永恒的微笑
5	深红蔷薇	只想和你在一起

7. 紫罗兰花语

紫罗兰盛开后会非常繁茂，不仅花色鲜艳，而且香气浓郁，花期和花序也较长，适宜盆栽观赏，常用于布置花坛、台阶、花径，整株花朵可作为花束。不同颜色的紫罗兰，其花语也不尽相同，具体如表6-8所示。

表6-8　不同颜色紫罗兰的花语

序号	类型	花语
1	白色紫罗兰	诚实，让我们抓住幸福的机会吧
2	粉色紫罗兰	誓言
3	紫色紫罗兰	在美梦中爱上你，对我而言你永远那么美
4	黄色紫罗兰	微笑、淳朴
5	蓝色紫罗兰	警戒，忠诚
6	三色紫罗兰	纯爱

8. 其他鲜花花语

花店从业人员除了要掌握上述鲜花的花语外，也要了解一些其他常见鲜花的花语。表6-9所列的是一些其他常见鲜花的花语。

表 6-9 其他常见鲜花的花语

序号	类型	花语
1	梅花	坚强、高雅和忠贞
2	兰花	美好、高洁、贤德
3	竹	高洁、坚贞、正直
4	菊花	清净、高洁、我爱你、真情、长寿
5	合欢	夫妻恩爱
6	紫丁香	多愁善感的暗恋
7	勿忘我	友达以上，恋人未满
8	忘忧草	放下
9	水仙	自恋、敬意、纯洁、吉祥、孤独
10	洋桔梗	真诚不变的爱，纯洁、无邪、漂亮、感动
11	花烛（又名红掌）	大展宏图、热情、热血
12	薰衣草	等待爱情、等待奇迹
13	扶郎花	有毅力、不怕艰难，以及喜欢追求丰富的人生
14	茉莉花	忠贞、尊敬、清纯、贞洁、质朴
15	马蹄莲	爱无止境
16	非洲菊	神秘、互敬互爱、有毅力、不畏艰难
17	鹤望兰	自由、吉祥、幸福快乐
18	剑兰	怀念之情、用心、幽会、爱恋、长寿
19	石竹	纯洁的爱、才能、热心、大胆
20	晚香玉	危险的快乐
21	向日葵	沉默的爱，爱慕，忠诚
22	鸢尾	爱情和友谊、希望、童话
23	帝王花	胜利、圆满，富贵吉祥
24	满天星	甘愿做配角的爱，只愿在你身边
25	情人草	执着、暗恋，我们的爱情一定要完美，始终如一、千古不变
26	蓬莱松	长寿
27	散尾葵	柔美、优美动人
28	睡莲	洁净、纯真、妖艳以及迎着朝气、抛去暮气

二、花语组合的含义

美不胜收的花卉是大自然恩赐于人类的朋友。人们喜欢花卉，并根据花卉的习性、形态赋予了人性化的寓意。

1. 会意组合

会意组合是指用两种或两种以上的花材，根据寓意之间的关系组合成一种花，综合表示这些花材合成的含义，如下所示。

① 岁寒三友：松、竹、梅的组合。"三友"皆寓意有风格、品德，是文人雅士的象征。

② 四君子：梅、兰、竹、菊的组合。喻人品的高风亮节。

③ 玉树临风：玉兰花与芝兰的组合。将二者比喻人才。

④ 杞菊延年：枸杞和菊花的组合。喻为健康长寿之意。

⑤ 尚书红杏：书和杏花的组合，或在书桌上陈设杏花。杏花为"第一名及第花"，比喻有金榜题名，步步高升之喜。

⑥ 桃花、桃子：桃花与桃子造型器物的组合。桃花和桃子有长寿延年之意。

2. 谐音组合

谐音组合是指将花材名称的字音与吉祥语相结合，如下所示。

① 一品清廉：一枝莲花喻为一品清廉。莲花为花中君子，出淤泥而不染。"青莲"与"清廉"音扣合。

② 平安长春：月季花与翠竹的组合。月季花因四季常开，亦称"长春花"。

③ 竹报平安：竹子代表平安。

④ 夫荣妻贵：芙蓉与桂花的组合。"芙蓉"与"夫荣"音同。"桂"与"贵"同音。

⑤ 群仙祝寿：寿石与水仙、翠竹的组合。数枝水仙寓意"群仙"，"竹"与"祝"音扣合。寿石，喻长寿。

⑥ 兰桂齐芳：兰花与桂花的组合。喻子孙绵延，事业有继。

⑦ 合和万年：百合与万年青的组合。喻百年好合，金婚、银婚。

第二节
因人而异，给不同对象荐花

鲜花没送对，情谊不到位。送鲜花也有注意事项，尤其是不同的人在不同的场景下，鲜花的选择也大不一样。对于不同身份的人，要送出不同的花。

一、给长辈送花

给长辈送鲜花，表达对长辈的关怀问候，传达自己的祝福。给长辈送花时，可选择以下几种。

1. 康乃馨

康乃馨一直都被寓意为送给妈妈的鲜花，其实对于家里的其他长辈来说，康乃馨也是一种很好的选择。康乃馨美丽而不失娇艳，华丽而不失高贵，具有平凡而不失问候的寓意，送给长辈可以表达送花者的敬意，传达送花者的问候。

2. 百合花

百合花一直都是高洁的象征，香味清新宜人，花瓣低调而又清新，绽放的花瓣中，花蕊如精灵般矗立在花朵的中间，站立鳌头。送给长辈百合花，包含着身体健康长寿、家庭和睦、工作顺心、心想事成等含义。

3. 向日葵

向日葵是面向着太阳开放的鲜花，跟随着太阳的鲜花，一直都有蒸蒸日上的寓意。送给家里的长辈，饱含送花者对长辈的尊敬，也祝福长辈身体康健。

4. 郁金香

郁金香的花语是博爱、体贴、高雅、富贵、能干、聪颖。郁金香是高雅的，也是贵气十足的，在荷兰，郁金香被称为国花。送给长辈一束郁金香，是对长辈表达真挚的感谢之意。

> **温馨提示**
>
> 送长辈可以选用花束、花盒、花篮、盆栽，最好选用花篮。手提花篮送给长辈有一种大气稳重的感觉，也能起到装饰长辈居家环境的作用。

二、给领导送花

给领导送鲜花是比较合适的，首先鲜花是具有观赏价值的，并且能够显得送花人非常有品位，而不同的鲜花代表着不同的寓意，能够更好地表达出祝福和尊敬的含义。尤其是在一些机关单位中，送鲜花不仅时尚，还能够避免被别人误会。

一般而言，对于年龄较大的领导送盆栽花卉是比较好的，不管摆在哪里都显得大气端庄。当然也可以送礼品花束，礼品花束的主要好处在于观赏性好，而且能够用多种花材搭配，以表达对领导的尊敬和感激之情。

但是，针对不同的领导在选择花材的时候应该注意：

① 给女性领导最好不要送红玫瑰，建议选择百合、红掌之类的比较好。给年长的女性领导可以送一束康乃馨，代表尊敬。

② 给男性年轻领导可以选择蝴蝶兰、黄玫瑰等鲜花，也可以送红掌或者百合花。给年长的男性领导可以送向日葵等，表示一帆风顺、步步高升。

③ 如果是送给私企的领导，可以选择发财树之类的植物，这样有祝愿公司生意兴隆的意味，领导一定会喜欢的。

> **温馨提示**
>
> 送给领导的鲜花，一定要是寓意美好的，如百合、向日葵、发财树等；还要是大气美观的，这样不仅能体现出花本身的高贵，还能衬托出领导的气质，让领导心花怒放。

三、给师长送花

师恩难忘，给师长送花，就是要表达送花者的感恩之情。适合送给师长的花主要有以下几种。

1. 剑兰

剑兰代表的意思是"怀念、用心、长寿、福禄、康宁和坚固"，多用于祝愿师长永远健康快乐，师生间的友谊永久长存。

2. 文竹

文竹寓意老师文气十足，师爱永恒。文竹容易抽出新枝，寓意学生的新知不断增长。摆在师长办公室的桌上富有生命力，可让师长长期记住你的心意。

3. 康乃馨

虽然说教师节送康乃馨已经"老掉牙"，但仍然无损它在花中的地位。康乃馨的花语有"热情、魅力、真情、温馨的祝福、热爱着你、慈祥、不求代价、宽容、伟大、神圣、慰问"的意思，很适合作为教师节的礼物。不过，康乃馨有多种花色，粉色康乃馨适合送给女性老师，红色康乃馨则男女皆宜。

4. 水蜜桃玫瑰

水蜜桃玫瑰花有"桃李满天下"的意思，在送花束的同时，也把自己的心意送上，祝福师长桃李满天下。

5. 郁金香

郁金香代表神圣、祝福、永恒，这是给师长永恒的祝福。可以单送，也可组合成一个花束，或者小花篮。

6. 百合花

百合花象征着女性之美，代表着"纯洁的心灵"。百合花色彩丰富，被认为是圣母之花，黄色百合花寓意感激和快乐。所以百合花是一种上档次的花，非常适合送给女老师。

> **温馨提示**
>
> 送给老师的鲜花，一般都会摆放在办公室，最好是可以立着放在桌上的鲜花花束；也可以选择花瓶插花，花瓶插花的鲜花保存时间更长。

四、给妻子送花

通常恋爱时男生为了示爱，给女生送的多是玫瑰，但是婚后，因为有了感情基础和婚姻保障，给女生送的花可以尽量多样化，比如百合、郁金香、马蹄莲、满天星、向日葵等。

1. 玫瑰

玫瑰长久以来就象征着美丽和爱情，送给妻子自然是非常妥帖的。

2. 郁金香

郁金香高雅脱俗、清新隽永，花语是"爱、美丽、祝福、永恒"，紫色郁金香更代表忠贞的爱。

3. 马蹄莲

马蹄莲气质高雅，寓意"忠贞不渝，永结同心"，代表着美丽的"山盟海誓"。

4. 百合

百合外表高雅纯洁，有"百年好合"之意。希望被它祝福的爱情会始终如一。

5. 蝴蝶兰

蝴蝶兰花姿优美、颜色华丽，有"兰中皇后"之美誉，花语是"我爱你"。送这样的花自然是对妻子的最好赞美。

6. 鸢尾

鸢尾花的寓意是"爱的使者"，紫色鸢尾寓意爱意和吉祥。

> **温馨提示**
>
> 不一样的鲜花不仅能让对方体会不一样的心情，还能让房间里因为鲜花的装饰而变得生机盎然，更能将生活装点得丰富多彩。

五、给恋人送花

喜欢鲜花是女人的天性，所以很多男士在追求女生的时候都会选择送花这样既浪漫又有情调的方式。这样的方式确实十分奏效，能够让女生芳心大悦，很多女生就是这样被"俘虏"的。

1. 玫瑰——代表美丽和爱情

玫瑰是爱情的最美化身，能最直接、最简单地打动女孩子的芳心。

2. 百合——代表纯洁和女性之美

百合有"云裳仙子"之称，纯洁无瑕、清丽脱俗，适合赠予素雅女子。

3. 绣球花——代表希望和美满

绣球花大而美丽，形如绣球，能够自然而然地引发女生内心对美好爱情的向往和希望。

4. 满天星——代表纯洁和思念

满天星洁白无瑕，如繁星点点，能让女生感受到对方那份纯净的爱意和默默的思念。

相关链接

不适合送给另一半的花

很多人在节假日会选择给自己的另一半送鲜花，作为花店店主，要提醒顾客下述鲜花最好不要送给另一半。

1. 黄玫瑰

黄玫瑰花语为"悲伤和分手"。送黄玫瑰给另一半，只会让另一半以为你要和她分手。

2. 紫色风信子

紫色风信子花语为"悲伤、妒忌"。紫色风信子很美，但是却代表着不友善的爱，所以，千万别送紫色风信子给你的另一半。

3. 桔梗

桔梗花语是"无望的爱"。这是对爱情的绝望，是看不到希望的爱，送一束桔梗花给另一半，会让她觉得你对你们的爱情没有信心。

4. 彼岸花

彼岸花花语是"死亡和分离"。这是象征着情侣会分开的花，不要送给自己的另一半。

5. 昙花

"昙花一现"是俗语，所以昙花花语就是"刹那的美丽、一瞬间永恒"，是不适合送给另一半的。

六、给朋友送花

一个丰富多彩的人生离不开朋友的陪伴，在适当的时机给朋友送上一束花，能让两人的友情更浓。代表友情的鲜花主要有如图6-1所示的几种。

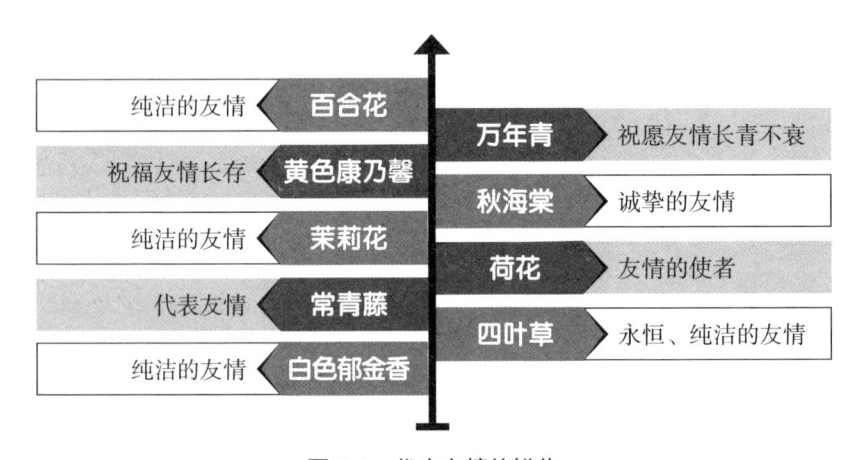

百合花	纯洁的友情
黄色康乃馨	祝福友情长存
茉莉花	纯洁的友情
常青藤	代表友情
白色郁金香	纯洁的友情
万年青	祝愿友情长青不衰
秋海棠	诚挚的友情
荷花	友情的使者
四叶草	永恒、纯洁的友情

图 6-1 代表友情的鲜花

七、给客户送花

给客户送花有非常讲究的学问。送花是表示关心与尊重，但是也容易出错，送一些有忌讳的花，会引起客户的反感。店主应根据客户需求及鲜花的花语，来给客户搭配花。

1. 扶郎

扶郎花别名太阳花,花语是"神秘、互敬互爱、有毅力、不怕艰难、永远快乐",寓意"喜欢追求丰富的人生"。

2. 向日葵

向日葵因为向着太阳生长而得此名,别名朝阳花,赠予客户,表示对他的敬佩与尊重,也寓意着天天向上的勇敢精神。

3. 香槟玫瑰

香槟玫瑰淡雅高贵,赠人一束香槟玫瑰,是以礼相待,视为贵宾。

> **温馨提示**
>
> 菊花是不能送给客户的,中外客户都不要送。大多数人认为菊花不吉利,是送给逝者的,连菊花茶都不能送。其他白色的鲜花在中国人看来也有不祥的意思。

八、给同事送花

在工作中,大家能够成为同事也是一种缘分。在越来越追求生活品质的时代,鲜花已成为不可或缺的一部分。因此,在同事生日时送上一束鲜花是不错的选择。

一般而言,扶郎、向日葵适合送给所有的同事。如果你们之间的关系非同一般,就要多花些心思了。如果是送给女同事,可以送百合或者玫瑰,不一定要数量很多,包装精美就好;如果是送给男同事,可以送剑兰、马蹄莲、郁金香、白百合等,花色上尽量不要选择粉嫩色。

1. 扶郎

给同事送上一束多色组合的扶郎花,祝福对方生活多姿多彩。

2. 向日葵

给同事送向日葵,可以给同事带去如太阳般明朗、快乐的祝福。

3. 百合

百合寓意"百事合意",在中国一直被认为是吉祥之花,在西方作为圣洁的象征,广受喜爱。

4. 玫瑰

玫瑰最得女生欢心,用红、粉、白、香槟玫瑰搭配其他花材可以送给同事。

5. 剑兰

剑兰叶似长剑,花朵由下往上渐次开放,象征节节高升,而且还有"用心"的花语,送给男同事是绝佳之选。

6. 马蹄莲

马蹄莲花苞片洁白硕大,花语是永恒、希望、春风得意,能让人联想到"春风得意马蹄疾"的意气风发。

7. 郁金香

郁金香象征着神圣、幸福、美好与胜利,有祝福对方美丽、高雅、高贵、幸福的意思。

第三节
因事而异,给不同场景配花

送花要因人而异、因事而异,并不是所有顾客都懂这些。作为店主,就要懂得如何按不同的场景给顾客搭配合适的鲜花,以表达送花者的心意。

一、祝寿送花

祝福长辈寿辰时,可依老人的爱好选送不同类型的祝寿花,如百合花语是"百事合意、心想事成",马蹄莲花语是"高洁、伟大",都是寓意美好的花束,但是寿宴是喜事，不适合送一束纯白的花，需要搭配其他花材来点缀。

若举办寿辰庆典可选送生机勃勃、寓意深情、瑰丽色艳的花，如牡丹花篮，以示隆重、喜庆；对爱好高雅情趣的老人，如能送去一盆松柏、银杏、古榕等名贵桩景，则更能表达对长者的崇敬之情。

祝贺青年亲友生日，宜选象征火红年华、前程似锦的一品红、红色月季等；祝贺中年亲友生日，可送石榴花、水仙花、百合花等。

温馨提示

送花给长辈，可以选择盆栽、花束、花篮，其中手提花篮给人一种稳重的感觉，而且装饰性强，较花束而言更显大气，所以贺寿一般送花篮。

二、开业送花

庆贺开业庆典，适合送开业花篮和绿植。

1. 送花篮

目前最流行的一种方式就是送开业花篮，主要是为了吸引人气。因为花篮美丽夺目，开张那天来往的人多，算是在那天做一次隆重的广告。花篮一般就是上下两层，关系好的或者是高级场所开业，则送3～5层的高档花篮。

2. 送绿植

绿植郁郁葱葱、生机勃勃，比较适合摆在室内或者是店门口，可以用来装饰或者净化空气。而且不像花篮保存时间短，绿植可以一直养着。店面开业比较适合送那种落地的绿植，如金钱树、发财树、金钱榕、千手观音等，而且名字吉利，寓意也好。

温馨提示

不管是送花篮还是绿植，一定要提前问好开业时间，因为开业典礼都是早上举行的，送的礼物到达时间要比开业典礼开始时间早，才有意义。

三、乔迁送花

朋友乔迁之喜，可以送鲜花以表贺意。

1. 红掌

红掌花语是"大展宏图"，那耀眼的红色，也象征着红红火火，祝福房主搬进新家，一切顺利。

2. 牡丹花

牡丹花花语是"圆满、浓情、富贵"。牡丹花是富贵的象征，搬家送牡丹花，代表着富贵吉祥。

3. 君子兰

君子兰花语是高贵。在搬家的时候送上君子兰，可表达对主人的赞扬。

四、婚庆送花

祝贺友人新婚，一般要选送红色或朱红色、粉红色的玫瑰花、郁金香、火鹤花、热带兰配以文竹、天门冬、满天星等；或选用月季、牡丹、紫罗兰、香石竹、小苍兰、马蹄莲、扶郎花等，并配以满天星、南天竹、花叶常春藤等组成花束或花篮，既寓意火热吉庆，又显高雅传情，象征新婚夫妇情意绵绵、白头偕老、幸福美好。

五、探病送花

鲜花不仅用来表达爱意，更是用来祝福的，给失落的人力量，给虚弱的人温暖。给病人送花，无异于雪中送炭，在他最需要帮助的时候送上最温馨的关怀。可选用花色、香味淡雅的鲜花，如剑兰、兰花、金橘、六出花、玫瑰及康乃馨等。

有些人心意很好，但表达方式不对效果会适得其反。作为店主应当告知顾客，送花是为了给人增添欢乐气氛，带来怡神悦目的欣喜情感和艺术美的享受。因此要注意送的对象、场合以及某些花的忌讳风俗，以免错送了鲜花引起对方不快。

1. 忌送的花色

鉴于病人的心情极为复杂，探病送花要注意防止产生误会。尽可能送些病人平常所喜欢，或较为娇艳的花草，绝不可送白的、蓝的或黑的花卉。宜选色彩鲜艳的剑兰、康乃馨、红掌等，忌用白色、黄色的菊花、天堂鸟等。

2. 忌送的数目

探望病人时，送花的数目也有讲究，忌送4、9、13等数量的花，病人往往认为这几个数字不吉利。

3. 忌送的品种

如广东地区因方言谐音关系，探视病人时切勿带剑兰，因为"剑兰"与"见难"谐音（意思是今后再见面难）；忌送吊钟花，因为"吊钟"与"吊终"谐音。此外，"茉莉"与"没利"谐音，梅花的"梅"与倒霉的"霉"同音，因此这些花都不宜轻易送人。

> **温馨提示**
>
> 探视病人送的鲜花，不选有花粉和浓香刺鼻气味的花，以免引起病人敏感或产生不良反应。若病人喜闻香花，可送中国兰花、米兰等具有清幽香气的花。

第四节 因时而异，给不同节日选花

中国的每个传统节日都有着不同的意义，在节日里所要送的花也不尽相同，有着不同的送花含义。

一、元旦

每年的公历1月1日是一年复始，万象更新的时节，这时候举国欢庆，合家欢喜。元旦用花并无特定的习俗，表示喜庆的花卉都可以在元旦节馈赠亲朋好友。一般可送百合、剑兰等，意味"百事合意""一年更比一年好"。

二、春节

春节是中华民族古老的传统节日，是辞旧岁、迎新春的欢乐日子，是大团圆的日子，因此人们对春节用花的普遍心理是：色彩要鲜艳，能体现出合家欢喜、繁荣昌盛的美好心意。所以宜用表现热烈、宝贵、吉祥的花卉馈赠亲友或装扮居室。

常见的春节送礼盆花分为木本、观叶、草本三类。

① 木本类：山茶、蜡梅、桃花、月季、金橘、四季桔、佛手、牡丹、杜鹃等。

② 观叶类：散尾葵、棕竹、龙血树、富贵竹等。

③ 草本类：水仙、蟹爪兰、仙客来、瓜叶菊、热带兰、非洲紫罗兰、报春花、报岁兰、花毛茛、郁金香、风信子、百合、万寿菊等。

三、情人节

每年公历的2月14日是西方情人节，红艳艳的玫瑰花妩媚娇艳，芳香醉人，传递着无限爱意。初恋时讲究送含苞欲放的粉红色玫瑰；热恋情深和爱情成熟时要送盛开的娇红或紫红色玫瑰。由于近年来名花辈出，也可以向情人兼送郁金香、香石竹、非洲菊等鲜花。

四、妇女节

每年公历的3月8日是妇女节。如果是集体庆祝活动一般不需要送花，但如果向自己的母亲、妻子或女友赠送鲜花以表示祝贺，就会让对方感动。一般可送由康乃馨、月季、百合、萱草、香石竹、山茶、小苍兰、海棠、鸢尾等花组成的花束。

五、清明节

清明节在公历4月4~6日之间，是我国二十四节气之一。

清明节又称三月节、踏青节，人们的主要活动是扫墓、祭奠已故的亲人和到野外踏青。

清明节期间，人们选购鲜花及鲜花制品，主要用于扫墓、祭奠、悼念，因此花店销售的鲜花以菊花为主。大部分顾客会要求将菊花扎制成花束，也有一部分顾客会购买花篮或单枝菊花。

另外，白色、蓝紫色和浅色系的其他鲜花也有一定的销量，比如白百合、桔梗、白或浅黄的玫瑰等。配花则以勿忘我、满天星、白色或黄色的小菊为主。常用配叶均可使用，没有什么特殊要求。

六、母亲节

母亲节是每年5月的第2个星期日。母亲一生为养育儿女呕心沥血，付出最多，这一天正好提醒每位做儿女的要永远记住母亲的辛劳和养育之恩。康乃馨是母爱之花，它是慈祥、温馨和真挚的代名词。母亲健在，红色康乃馨是首选礼品；母亲去世，白色康乃馨是对母亲最好的纪念。

七、父亲节

每年6月的第3个星期日是父亲节。父爱较之母爱，虽一样充满无尽的人性之美，却又是不同的。感受父爱，正如斟品醇浓醇香的老酒，杯中既装着琼浆似的辛辣，也盛满大地般的温存。在父亲节这一天，做儿女的可以送上一束黄色康乃馨或石斛兰，以表达对父亲的尊敬和感激之情。在日本、中国台湾等地，石斛兰被视为"父亲之花"。此外，白月季、三色堇、蜡梅也是父亲节的理想礼品。

八、教师节

我国定于每年公历的9月10日为教师节。通常用花主要有剑兰、菊花、牡丹、月季等。

九、中秋节

中秋节是家人团聚的传统节日。剑兰、兰花、百合、火鹤花等寓意花好月圆。桂花、大丽花、百合花、百日草等也是适合中秋节的花品。桂花高贵、崇高；大丽花色彩艳丽，华贵典雅。由于中秋节临近国庆节，市场对一串红、翠菊、蒲包花等花卉的需求量也很大。

十、重阳节

我国法律将每年农历九月初九重阳节定为老年节。重阳节前后，花店销售的鲜花同样是以礼仪用花为主。根据重阳节的特点和多数老年人的喜好，花材宜选用百合、马蹄莲、长寿菊、扶郎花、康乃馨和玫瑰等。

第七章

店面销售

对于店主来说，再美的鲜花，若一直摆在店里，也产生不了经济价值。花店只有将鲜花销售出去，才能生存。有些顾客并不明白自己需要什么样的花，他们往往带着问题来花店，或只是随便逛逛，这时店主的销售服务技巧就显得非常重要。

第一节
科学定价，留取合理利润

鲜花定价太高，超出顾客购买的心理价位，导致卖不出去，容易滞销；定价太低，又影响花店的收益。这就需要店主掌握一定的定价策略和技巧。

一、给花器及辅料定价

花器（花瓶、花盆、套盆等）及辅料（花泥、包装纸、彩带、花篮子等）在保存、销售过程中的消耗比较小，定价要趋于稳定，同时也是四季都有利润的商品。

那么，这个利润是怎样产生的呢？

以小花盆为例，一个盆如果进价是10元，售价是13元，那么它的利润是不是3元呢？不是！在这3元中应该还含有运输费、人工费、库存费、税费、店租费等。如果这些费用超过3元，或等于3元，你做的就是亏本或是不盈利的买卖。如果这些费用小于3元，那么你就有利可图。

由此看来，货物销售之前要先算账再定价。

再以花盆为例，如果进价10元，各类损耗3元，它的成本就是13元，在13元的基础上再加上你所预期的利润，才是真正有利可图的销售价。

二、给鲜切花定价

鲜切花的进货价格是一直在变化的，影响其变化的因素有很多，并且为本店的鲜花定价时，要先熟悉周边花店的价格，然后综合考虑。

1. 零售鲜花的定价

零售鲜花，一般定价为采购价的3倍。其中，1倍是卖出鲜花的采购价，1倍是卖出固定的费用成本（包括房租、水电、人员开支、运费、税费、鲜花损耗等），最后1倍是利润。按这种定价方法，花店的利润在30%左右。

此外，鲜花零售价会受到淡旺季的影响，没有办法太固定。但总体来说，夏天的价格低于冬天，重大节日的价格远高于平时的价格。

2. 批发鲜花的定价

当然，如果不是零售，是做鲜花批发，定价就要看批发量的大小了。花材批发量比较大的话，在批发价格之上再加一定的小利就可以出手了。这个小利在小于零售价的前提下由店主衡量制定，主要看批发量的大小。批发量越大，越接近批发的价格；批发量越小，越接近零售的价格。

三、给花艺作品定价

花材本身的定价其实是比较简单的，花艺作品的定价则要相对复杂些，很难用一口价去固定价格。因为花艺作品除了原材料的成本之外，还有人力成本和其他成本，特别是人力成本不好量化。

但是，整个花艺作品的定价还是有一定规则的：花艺作品定价为鲜花进价的3～5倍，也有的花店定价为鲜花进价的5～10倍。至于到底是多少倍，就要看花店的档次和客户的消费能力了。高端花店花艺作品的定价肯定会比低端花店高出许多，因为它还有品牌价值在里面。

以花篮为例：

第一步，计算辅料的价格，包括花篮子、花泥、包装纸等；

第二步，计算所用花材的成本；

第三步，加上人力成本；

第四步，加上预期利润。

这就构成了花篮的价格，把这个价格再向上浮动一定的比例做销售上限，花篮价格的范围就确定了。

> **温馨提示**
>
> 花艺作品优劣，是仁者见仁、智者见智的，很难用一口价定价格。但是要有一定的浮动价格，以给顾客谈价的余地。

四、给绿植定价

绿植泛指盆栽花，对于现在比较受欢迎的绿植产品，其优点是风险小，缺点是销售周期较长，占用空间较大，也需要花费时间和精力去养护，所以绿植的利润是与时间成反比的。销售时间越短,利润越大;销售时间越长,利润越小。所以当给绿植定价时,这些因素也要考虑到成本中去。

第二节 了解意图,明确顾客需求

礼貌、友好的交流能获得顾客的好感,是赢得顾客的第一步;充分了解顾客意图,才能为对方提供服务。交谈中,可以用笔记下顾客的需求,这样便于记忆,也显示对顾客的重视。

一、了解顾客的需求

在接待顾客的过程中,如图7-1所示的几个问题是你需要充分了解的。

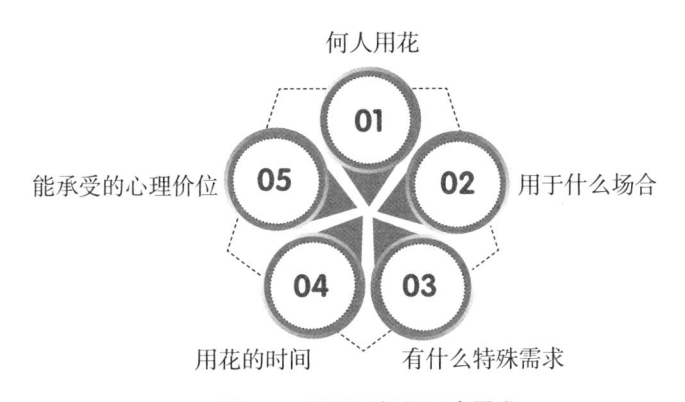

图7-1 需要了解的顾客需求

1. 何人用花

销售花卉时,一定要考虑用花对象是谁。老人与孩子、男人与女人、父亲与母亲、教师与学生……不同的人群用花特点会不相同。

2. 用于什么场合

场合不同,用花的特点也不同,问清用途才能把握需求。

3. 有什么特殊需求

顾客为什么购买鲜花？顾客希望鲜花达到什么效果？需要的数量是多少？这些你都要了解。一些可能的需求如下：

① 有的顾客赶时间，要求插花速度快些，则可以安排多人协作，尽快完成。

② 有的顾客要求插花作品大一些，但价格要便宜，制作时就要利用线状花材插出高度，用多头花材和填充花材增加小花数量。

③ 有的顾客要求插花作品高档些，则应在作品中搭配高档花材，如红掌、天堂鸟、跳舞兰等，包装也要选用高档材料。

④ 有的顾客要求插花作品鲜艳一些，则可选用红与绿、红与黄、黄与紫、蓝与橙的色彩搭配。

⑤ 有的顾客要求插花作品与众不同，则可为顾客做专门设计，或搭配有趣的配件。

⑥ 有的顾客要求插花作品淡雅些，可推荐粉色系花、黄色系花、黄粉色系搭配的花或白绿色系搭配的花。

> **温馨提示**
>
> 一定要问清顾客对花的爱好和禁忌，如顾客送女友的鲜花，就要询问"您的女友最喜欢什么花或最不喜欢什么颜色"等。

4. 用花的时间

花卉产品具有鲜活的特点，如果顾客马上就要将鲜花送人，应在插花作品中搭配一些正在怒放的花材，从而提高作品的观赏效果，也会让顾客更满意；如果顾客准备拿回家摆放或是第二天才要送人，则应在插花作品中选择开放得不太大的花朵，同时要注意向顾客解释一下。

5. 能承受的心理价位

由于插花作品的大小及用花量不同，而且有些需要根据顾客的需求进行现场插制，所以成品的价格可能千差万别。而顾客很可能不了解这一点，如果花艺师插好作品，成本核算后才发现价格大大高于顾客的心理承受价位，就会造成尴尬的局面。这时，顾客可能会要求降价，甚至干脆不买。但是制作的花材已被剪短不能复原，这样的情况是任何花店都不愿意发生的。所以，事先了解顾客能承受的心理价位很重要。

店主可以先向顾客提供一些插花样品，或是图册。由于样品中容器、花材枝数、包装等模式都是固定的，价格也已核算出来，如此可以方便顾客选择。

有的顾客经常买花，对自己所要花费的金额非常清楚，会直接报出大致的价格，这样的顾客比较容易沟通。而有的顾客自己也不清楚要花多少钱，要买什么样的花，这时店主可提供几个参考价位引导顾客，如：

"您要的这种花束五六十元能做，八九十元、一两百元也可以做，只是部分花材的档次和包装会有不同，您大概需要哪个价位的？"

如果顾客做出了选择，店主就可以按顾客出的价位搭配鲜花。有些顾客选购鲜花时会说"多少钱没关系，只要花漂亮"，那么可以抛开价格的限制进行制作，以满足顾客的需求。

> **温馨提示**
>
> 只有通过交流，得到顾客用花的场合、时间、价位等有效的信息，然后对这些信息加以分析、判断，才能给顾客提供满意的插花方案，以确保交易顺利完成。

二、挖掘顾客潜在需求

挖掘顾客潜在需求最有效的方式之一就是询问。你可在与顾客的对话中，通过有效地提出问题，了解顾客的需求。顾客经由询问，会将其潜在需求逐一说出。

> **温馨提示**
>
> 店主应当多方面深入地去学习询问的技巧，因为店主是要与顾客交流的，多说未必有用，但恰到好处的询问，可以让顾客产生购买意识。

那么，询问顾客要有哪些技巧呢？我们这里介绍几种实用的询问方法。

1. 状况询问法

日常生活中，状况询问用到的次数最多。比如：

"您在哪里上班？"

"您有哪些爱好？"

"您喜欢玫瑰花吗？"

……

这些为了解顾客目前的状况做的询问被称为状况询问。店主在向顾客询问时，当然以鲜花为主题，可以问问：

"您家中有养花吗？"

"您是否工作忙碌经常坐在电脑前？"

"您对这种颜色感兴趣吗？"

……

经过这样的询问，就能准确了解顾客的实际状况及可能的心理状况。若顾客回答"没有"，你就可以向其推荐；若顾客回答"是的"，此时你也可以继续这个话题。如果顾客没关心过这些问题，你也可以向他解释并做好推荐的准备。

2. 问题询问法

"问题询问法"是指你得到顾客的状况答案后，为了进一步探求顾客的不满、不平、焦虑及抱怨等情绪而提出问题，比如：

"您种植过花卉吗？"（状况询问）

"种过，但总是种不久。"

"为什么种植不久呢？"（问题询问）

"嗯……就是总会枯萎。"

通过问题询问，可以使你逐步弄清顾客不满意的地方，并有机会挖掘出客户的潜在需求。比如，上面的对话还可以继续：

"那可能是花土有问题，您看我们的花土都是用有机肥料混合而成的，会让花卉生长得很旺盛。您愿意试一试吗？"

这样的询问过程可以起到很好的促销效果。

3. 暗示询问法

当你发觉顾客可能存在的潜在需求后，可用暗示的询问方式，提出缓解顾客不平、不满等情绪的方法，这称为"暗示询问法"。比如：

"我们花房的花土用紫砂泥盆盛放，养茶花、君子兰等显得特别典雅，花卉也欣欣向荣。您认为怎么样？"

另外，还应当避免不恰当的询问，比如：

"您为什么不养花呢？"

"您买些鲜花摆放吧！"

……

诸如此类问题有最后通牒式的咄咄逼人，往往使顾客不自觉地产生反感情绪与防卫心理，得到的回答往往是："不，我不……"

花店销售服务是开门迎接顾客，所以店主要善于询问。

第三节 有礼有节，接待来店顾客

商家能不能为顾客提供良好的服务，是该店受不受欢迎的关键。花店也是如此，如何接待好顾客是一门学问。

一、热情接待

顾客踏进花店时，就需要有服务人员热情接待。店员应面带微笑、使用礼貌用语，比如："您好，欢迎光临××花店，有什么需要帮您？"

> **温馨提示**
>
> 在接待顾客时，一定要将店名报出来，这样能加深顾客对花店的印象，方便顾客记住，进行品牌宣传。

二、温馨询问

顾客进店后，可以温馨地询问顾客的意向，是否有喜欢的花材等。若顾客表明没有特别需求，只是随便观看，此时则不需一直跟随顾客，以免让顾客感到不适。但需要在顾客提出一些相关的问题时，给予礼貌且专业的回答，以便给潜在的顾客留下好印象，期待顾客下次有鲜花需求的时候首先想到你。

三、专业介绍

对于那些不懂花的顾客，如果他主动询问，店员就要发挥专业的技能，提炼花店产品的亮点，给顾客进行详细介绍。在了解顾客的需求之后，要有针对性地为顾客推荐产品，把鲜花的一些特点告知顾客。

比如，送妻子，就适合送鲜艳的花束；送老人，则要挑寓意好且喜庆的花。

在销售的时候，店员可以在谈话中介绍花店的优势，把最好的方面说给顾客听，让他了解花店的优点。比如：

"我们的花材都是新鲜的（或者纯进口的），质感好，档次高。"

四、合理估价

在销售的时候，店员要了解顾客有无购买的心理价位。如果客人有心理浮动的价位，店员就要极力估摸到顾客可承受的最高价格，让客人买到满意的高性价比产品。

五、礼貌送客

只要顾客进店，不管有没有消费，在顾客离开时，无特殊情况下店员都要目送顾客离开，并且客气地道别：请慢走，再见，欢迎再次光临等。

> **温馨提示**
>
> 好的服务是提高顾客好感度的一个重要保障。要想让顾客对花店留下好印象，首先就要提供让顾客舒服、满意的服务。

相关链接

不同类型顾客的接待

1. 年轻顾客

对于年轻顾客，要告诉他们你店里的鲜花品种、样式是流行的。年轻顾客是紧跟时代步伐的一类顾客，他们有新时代好学上进、追求新生事物的性格，是紧跟新时代发展潮流的顾客。这类顾客喜欢追赶潮流，只要是当下流行的东西，他们会有强烈的购买欲望。抓住这一点，店主就有成交的把握。

同时，这类顾客比较开放，易接受新生事物。他们好奇心强，且兴趣广泛。这些对于店主来说也是极为有利的，因为可以抓住他们的好奇心，激发其购买欲。店员所拥有的丰富的花卉知识也可以使他们信服，应抓住时机，推荐鲜花产品。

这类顾客的抗拒心理很少，有时只是因阅历尚浅而略显恐慌，只要对他们热情一些，从专业角度让他们多了解这方面的知识，他们很快就会放松下来，轻松地与你交谈。

2. 老年顾客

对待老年顾客要诚实稳重，以充满关怀的语气与他们交谈。

向老年顾客介绍花卉时，要认真听他们讲话，不多插嘴，表现出诚实，这样老年顾客一定会对你产生好感，疑虑逐渐打消。

对待老年顾客有两点禁忌：一是不要夸夸其谈，老年人可能会觉得你轻浮，不可靠，也就不会信任你，交易也就会以失败而告终；二是不要当面拒绝他们，或当面说他们错，即使你是正确的，因为这样会激怒他们，使他们和你争吵，最后可能交易就"泡汤"了。

3. 忠厚老实顾客

"一把钥匙开一把锁"，不同性格的顾客来光临花店，店主都要运用好的销售技巧将其留住，最应当抓住的就是忠厚老实的顾客。这类顾客很少说话，当你询问问题时，他们就"嗯""啊"几句。听你说话他们只是点头，这种人一般不太会开口拒绝别人。

店主可抓住这类顾客不爱开口拒绝的性格，促使其购买，只要一次购买对他们有利或者他们觉得没被骗，他们大概率就会一直买你的花。因为他们信任你，下次也不会错，这就是一种使他们放下警戒的方法。

这类顾客有时提自己的理由或相反意见都有些犹豫不决，担心说出来会伤害店主的自尊心。对他们提出的问题，一般要等到他们询问完之后再解答。

这类顾客大多数还有一个特点，就是比较腼腆，所以对他们说话要亲切，尽量消减他们的害羞。这样，他们才能听你介绍，交易也才能更顺利。

对于这类顾客，只要能说上话，交易已是十拿九稳。

第四节
察言观色，判断成交时机

一般来说，最佳的成交时机是顾客的购买欲望最强烈、最渴望拥有鲜花的时刻，即交易的各方面条件都成熟的时刻。要掌握好这个最佳成交时机，首先得仔细观察顾客在整个购买过程中的语言及表情，也就是我们说的成交信号，具体有以下几种。

一、对某一种鲜花问询多次

顾客想买某种鲜花时，店员一般会拿出一些同类型或相似的鲜花让顾客做比较。渐渐地店员会发现顾客放弃了其他鲜花，而只对其中的一种鲜花进一步提出详细的问题，这就说明顾客已经开始对某种鲜花产生购买欲望了。此时，如果店员稍加导购，就可以达成交易。

二、开始沉默

顾客在选择商品的大方向定下来后，一般会有哪些常规的反应和想法呢？这里面的"可乘之机"又有哪些呢？

顾客从一进门开始，就东看西看，并不断地问店员各种问题，一旦该问的问题问完了，会有一段时间保持沉默，这表示顾客在考虑是否要买花以及要买什么花。如果这个时候店员能把握住，则将促使交易达成。所以当顾客保持沉默时心里就是在犹豫，这时成交的机会就来了。

三、向同伴问询

当店员向顾客做完较为全面的鲜花介绍后，顾客如果征求同伴的意见，比如问"你觉得怎样""值得买吗"一类的话，这表明顾客基本上已有购买的意愿了。这是成交的又一个机会。

四、开始谈条件

如果在店员向顾客做完鲜花介绍后，顾客表现出兴趣并提出成交条件，如"能不能再便宜点""有没有礼品送"等，这就表明成交的最佳时机已经到来。

五、开始表示赞同

顾客在听过介绍或观看了花卉后不断点头或面露微笑，这表示顾客对此种鲜花感到满意并已经有购买的意向。

六、关心售后

如果顾客问店员"这花买回去以后有问题怎么办""有没有送花业务"等有关售后的服务问题，这就是成交的又一个信号。

对于花店来说，如果能准确把握住以上六个成交的最佳时机，并做出恰如其分的应答，这笔生意可能就做成了。善于时时观察并分析顾客的内心世界，做个有心人，一定会增加你成功的机会。

相关链接

如何面对不同需求的顾客

很多店主经常有这样的一个疑问：来买花的人中有富裕的也有经济条件一般的，这两种人的消费观念是不一样的。有时，想要送一些高档的包装给那些消费能力比较低的人，他们可能不是特别感兴趣；而如果给那些消费能力高的人一些折扣，好像也不是他们想要的。所以，要怎么区别服务消费能力不同的顾客呢？

其实，消费者的消费能力不同，他们在购买鲜花的心理上也是不一样的。下面就简单介绍一下，面对不同消费者，花店要怎么区别服务。

1. 基础需求的消费者

对于一些基础需求的消费者而言，他们有时也想要浪漫的生活，所以偶尔买一束鲜花送人，也有面子。这样的人更多会关注鲜花的价格，虽然是面子的问题，但是他们更想用更低的价格去购买，所以对于这类消费者，可以利用一些特价产品去吸引。

2. 中等需求的消费者

中等需求的消费者是花店最常见的，他们对于鲜花的要求不会很高，因为他们是以送礼品的定位去购买的，玫瑰、百合之类的都可以，这样的人也是要面子的，尽可能地将这捧鲜花打造得越高贵越好。中等需求的消费者对于鲜花额外的产品比较关注，比如说今天有买鲜花送小熊的活动，那么正合他们的心意，所以在面对这样的消费者时，可以利用一些小赠品去打动他们。

3. 高等需求的消费者

这类消费者购买的都是一些高级定制的鲜花。他们更关注的是花艺师是否得过奖，这束鲜花是不是你们店内的限量款，这种鲜花盒子是不是今天的最新款，等等。面对这样的消费者时，可以更多地提高鲜花的档次以获得其欢心。

第五节 完美配送，彰显服务品质

对于花店来说，配送是一个非常重要的环节。从长远经营的角度来看，门店销售并不仅仅是做好当下生意，更是为了长久的利益。销售的每一个环节都是关键，配送是最后的环节，也是提供优质服务、留住顾客、培养忠实的顾客至关重要的一个环节。

一、送货订单的填写要点

光顾花店的顾客有些是提前预订，到了需要的时间才要求花店送货。对于这类顾客，花店在接待时要注意如图7-2所示的几点。

```
顾客的要求写清楚 ─┐   ┌─ 地址写清楚
送花人与收花人的电话写清楚 ┤   ├─ 送花日期与时间写清楚
收款情况写清楚 ─┘   └─ 经手人写清楚
```

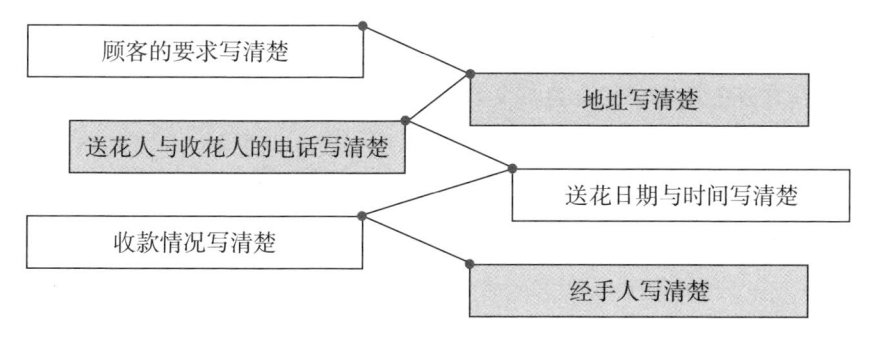

图 7-2　送货订单的填写要点

1. 顾客的要求写清楚

接待预订顾客的店员一定要将顾客选定的款式、包装、丝带以及是否需要发票等要求写清楚。因为订花与送花往往不在同一天，以免有员工休假或不在店中时耽误订单配送。

2. 地址写清楚

标注地址虽然看起来很简单，但要做好也不容易。店员一般只会注明大致地址，如长安街18号，地址不详尽会给送花的员工增加工作量。这种情况下，接单的店员应与顾客明确地址具体怎么走，比如附近有什么标志性建筑物，并标注在送花地址栏上。

这项工作一定认真细致，否则，找不到地址，送花不及时，不仅顾客不满意，店员之间也易产生矛盾，影响团队团结。而且在找不到地址的情况下，总给顾客打电话会让顾客怀疑花店的经营与管理能力。因此，要尽量详细地记录好顾客地址。

3. 送花人与收花人的电话写清楚

有些店员在接订单时，常常只登记购买人的电话。但是很多时候购买人与收花人不是同一人，如果花店能把购买人与收花人的电话都登记清楚，这样就等于双保险。当花店实在联系不上购买人时，也可以联系收花人。

> **温馨提示**
>
> 记录双方手机号码后，最好随口问一句："有固定电话吗？"因为记录下双方的固定电话就更保险了，可在其手机没信号、没电等联系不上的情况下联系到他们。

4. 送花日期与时间写清楚

如果顾客要求花店于××月××日下午5：00左右将订购的鲜花送到，店员应该追问一句："您可以给我一个时间段吗？"那么顾客可能会说："那就5点到5点半吧！"这样在堵车的情况下，去送花的员工就可以控制时间了。

如果顾客说："必须下午5点前送到，否则我就不在家了。"那么，花店就更要准时，宁可早出发，也不要耽误顾客的时间。

5. 收款情况写清楚

单据上应写明已付金额、欠付金额。订花的收款情况不同，有的已付全额，有的只付了定金，如果这条写不清楚，店员交接班时易出错。

××花店于两天前接了一个订单，当时顾客只付了一半的花款作为定金，余下的花款说好送货的时候结清。可是这个情况却没有在订单上注明。送货的员工也只按订单上的地址把花准时送到了。待送花员工返回店里时，接单员工才想起还有一半的款项没收。虽然后来送花员工又跑了一趟，将这个钱收了回来，但是却耽误了不少时间，而且店员之间也互相埋怨。因此，在订花单据上要注明详细情况，以免信息传递有误而造成损失或带来麻烦。

6. 经手人写清楚

花店在设计送货订单时，各个阶段都要有经手人一栏。填写经手人，就有了首问责任制，即使经手人休息，也要督促进货人员、送货人员按单操作，避免出现没人管的情况。

二、给顾客送花的技巧

我们开花店的目的，就是要借用鲜花传递关爱和祝福，但是送花不同于寻常快递，花束也不是普通物品，送花这个环节在很大程度上决定了是否能够留住回头客。这就需要店主掌握一些送花的技巧，具体如下。

1. 送花要附赠贺卡

给收花人附上一张贺卡，贺卡上写上祝福的话，而且所写的话要能表达购花人的情感。有的购花人即便你给他贺卡，他一时也想不出贴切的话，这时，花店可根据其需求挑选一些感人的话语供其参考，这样就可以大大增加花束的附加值。

另外，花店提供的贺卡，最好用信封装起来，而不是一张谁都能看到的卡纸。因为送花有时是送到办公室，会有同事翻看而不小心泄露购花人的隐私。花店要帮购花人留意这些细节。

> **温馨提示**
>
> 花店可以自己批量印制贺卡，在贺卡上印出花店的标识、地址、网址、电话等，这相当于是一个长期广告了。

2. 送花时配备小喷壶

送花人员可配备一个微型、便携的小喷壶，在给顾客送花进门前，用小喷壶在花上喷些水，可以让花显得新鲜。尤其是玫瑰花喷水后，水灵灵的状态显得格外新鲜，会增加收花人的满意度。

3. 注意送花的运输环节

鲜花在运送过程中也会出现品质下降的情况。尤其是冬天，北风一吹，花脱水很快，花瓣边缘就会变黑，从而影响观赏效果。所以要给花束做好防风、防水、防晒的措施。

国外的送花车还会配备固定鲜花的装备，防止花篮、花束倒伏，这也是保持鲜花品质的关键所在。

4. 准备好备用花材

善于销售的花店要求员工送花上门的时候除了携带客人订的花之外，还要带一些备用的花材，这样可以在顾客有改动要求时，方便更换或是补充。当然，很多时候客人对送来的花是满意的，虽然可能根本不需要备用花材，但每次这些花材都会给顾客留下深刻的印象，为花店换来很好的口碑。

5. 送花人员要注重仪表礼仪

不论是送花到顾客家中，还是到顾客单位，送花人员都要注意自己的仪表。

比如一个花店的员工给高端写字楼送花时，由于天太热，去的时候穿着短裤、拖鞋，结果门卫都不让他进。

送花一般送到顾客家门口（或单位前台附近）即可，没有受到顾客邀请同意就不要擅自进入顾客家里（或工作区域），身体与顾客保持半米左右的距离，不要贴得太近。递送鲜花时要面带笑容，建议双手递送，千万不能因为忙碌而黑着脸，最好再顺便说声："祝你幸福快乐（通用句子，无论爱情、友情还是生日、节日都通用）！"如果客人是送父母的，可以夸夸对方有个孝顺的好孩子，祝福对方。

如果顾客挑剔鲜花的质量和包装，能解释的就解释，不能解释清楚也不要当时跟对方争执。

6. 告知顾客鲜花保养方法

送花时，为了便携，有的店员会将花束里的水倒掉，但花送到后要主动将水加好。如果送的是花篮，则要为顾客示范如何加水保鲜，并耐心回答顾客的问题，做好服务。

7. 要让收花人打收条

花送到后要让收花人在送货单上签字并填写日期。送货单一般保留3个月左右。

8. 留下名片

别忘了，收花人是你的潜在顾客，送花后要给顾客留下名片，并发出"您和您的同事如果要订花，可以打电话给我们"之类的邀约。

××花店的一个大客户，原本是收花人，就是因为对花店送去的花非常满意，与花店达成了长期的合作。

因此，花店要培训送花人员，在完成送花后与收花人多交流，而不是送完就走，应主动告知鲜花的保养方法并介绍花艺之道。同时，收花人也会问一些问题，送花人员要耐心解答，并顺便说出花店位置、搞什么促销活动及本月有什么重大节日等，邀请收花人有空去花店看看。

> **温馨提示**
>
> 与收花人融洽沟通会加深其对花店的印象，易使之成为花店的回头客，或成为你的潜在顾客。

三、送花结束后的工作

送花结束后，一般的花店就结束了任务，而对有生意头脑的花店店主来说，这还没有结束，还有如下工作要做。

1. 主动与订花人联系

应主动与订花人联系，不要等顾客打来电话查问。花店人员应该主动给顾客打个电话，第一时间告知顾客花已送到，是某某人签收的，签收时情况如何，收花人态度如何、说什么了，等等。有些服务好的花店，还会把送的花拍成照片发给顾客。

2. 建立顾客档案

有的花店送花后，会定时电话回访，建立顾客档案。一个详尽的送花单上，应有地址、电话、日期、用途、价格等信息。送花结束后，要在上面补充一些资料，如收花人的外貌、性格、消费特点等，可附上这次送花的图片编号存档。

店员要详细分析，妥善保存这些档案，在之后重要的日子里，打电话问询顾客愿不愿意再订花。花店的生意就是在这样的经营中一点一点攒出来的。如果你的花店生意一年不如一年，那么就要检讨自己的经营方式是否出了问题。

3. 电话回访

在重大节日后，要对顾客进行电话回访，便于收集顾客对花店在大宗节日销售时的意见与建议。

回访时，花店可以特意开辟一条电话专线，由客服人员根据事先列出的回访单逐一询问，回访内容应涉及花材品质、色彩搭配、配送服务、客服态度等方面。一旦顾客对上述内容提出疑问或投诉，客服人员便针对情况进行解答，并如实记录反馈信息和意见。

对于回访的反馈信息，花店应进行细致分类，将顾客满意与不满意的选项一一列出，然后逐个分析顾客不满意的原因，从而寻求解决办法。

> **温馨提示**
>
> 个人信息的建立有助于花店更好地判断顾客喜好，从而将一次性生意发展成长久合作，赢得顾客对花店的信任与依赖。

四、送花服务的细节

如今，绝大多数的花店都开设了送花上门的服务项目。这是一件既方便消费者购花，又能有效提升花店信誉、增加花店收益的好事。但是，在实际操作过程中，有不少花店因为不太注重细节，想当然地猜测顾客的心理，结果好心办了坏事，弄得顾客不满意。花店在给顾客送花时，要注意如图7-3所示的三个细节。

鲜花并非越"鲜"越好

准时送达

鲜花与发票一起送到

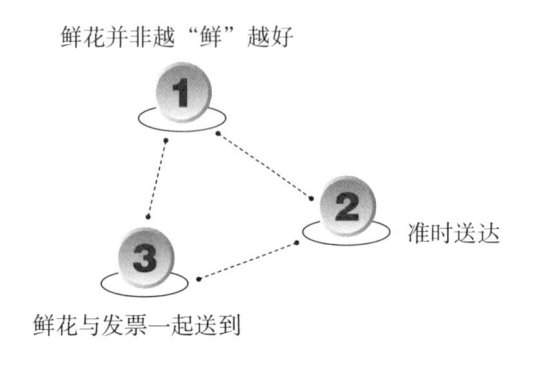

图 7-3　送花服务的细节

1. 鲜花并非越"鲜"越好

花店有时候会碰到一些比较挑剔的顾客，总认为送货上门的鲜花一定是店里挑剩的，所以有的花店就专门挑选那些含苞待放的鲜花送货上门，认为这样顾客就无话可说了。还有的店主觉得，含苞待放的鲜花放的时间最长，顾客见了肯定会非常满意。然而，事实并非如此。

送礼品花上门和顾客自己买花回家摆放是不一样的。顾客为自己买花，可能会挑花苞，希望能开得久些，而一般情况下顾客到花店预约送花，追求的往往是希望鲜花送达那一刻有较好的效果。如果这时候送到对方手中的是一个满是花苞的花篮，其结果可想而知是要大打折扣的（有特殊需要的情况除外）。

另外，如今人们对鲜花的鉴赏水平已经大大提高，哪些是新鲜的花朵，哪些是开败了的花朵，消费者是很容易辨别出来的。有个别花店的确专挑那些开过头的花来送，这就更不可取了，到头来只能是砸自己的招牌。

2. 准时送达

顾客在预约的时候一般都会提出明确的送花时间，而不少花店往往会提前把花送到。这些花店的老板认为，送花的员工路上可能会遇到各种情况，迟于顾客约好的时间，可能会误了顾客的事，因而早点送去会比较保险。殊不知，有时候正是由于送得太早也会令顾客不满意呢。

比如送婚宴或寿宴、生日聚会这类的花，送花人的目的之一就是要在大庭广众之下表达心意，显示与收花人的亲密关系或给收花人长面子。如果早早就联系送到人家家里或别的地方，悄无声息地，就达不到送花人的目的。

其实，花店店主应该想到这些细节，如果送花的员工到得太早，可以先在附近等一会儿，到了约定时间再送进去，那么尴尬的局面就完全可以避免。

3. 鲜花与发票一起送到

对于顾客要求送货上门的订单，在接订单的时候就要主动询问清楚，是否需要开具发票。一般来说，除非顾客有特别说明，花店在送货时应一并将发票带上。

> **案例**
>
> ## ××花店送货服务优化
>
> ××花店位于城市的一个繁华商业区，周边居民区密集，同时也有众多企业和办公场所。随着线上购物的兴起和顾客对便捷服务的需求增加，花店决定优化其送货服务，以提升顾客满意度和市场竞争力。对此，提出了如下送货服务优化措施。
>
> ### 1. 组建专业送货团队
>
> ××花店组建了一支由经验丰富的送货员组成的团队，他们不仅熟悉周边道路和交通状况，还具备良好的服务态度和沟通能力。送货员均经过专业培训，了解花卉的保存和运输知识，确保在送货过程中花卉的完好无损。
>
> ### 2. 引入智能调度系统
>
> ××花店引入了先进的智能调度系统，根据订单量、顾客位置和送货员当前位置等信息，自动规划最优送货路线，减少送货时间和成本。系统能实时跟踪送货进度，顾客可通过手机App或短信接收送货状态更新，提升购物体验。
>
> ### 3. 提供多样化送货服务
>
> ××花店提供多种送货选项，包括标准送货（指定时间段内送达）、加急送货（尽快送达，但需额外支付费用）和预约送货（按顾客指定时间送达）等，满足不同顾客的需求。
>
> 对于特殊节日（如情人节、母亲节等），花店还提供定制送货服务，如附带贺卡、礼品包装等增值服务。
>
> ### 4. 强化售后服务
>
> ××花店建立了完善的售后服务体系，对于送货过程中造成的花卉损坏或延误

等问题，提供快速响应和解决方案。顾客可通过电话、微信或在线平台反馈问题，花店将在最短时间内给予回复和处理。

5. 利用第三方物流平台

在订单量较大或需要跨城市送货时，××花店选择与知名第三方物流平台合作，如滴滴送货等。这些平台拥有更广泛的覆盖范围和更高效的物流网络，能够确保花卉快速、安全送达。

比如，在妇女节等鲜花消费旺季，花店通过滴滴送货平台推出了汽车直送服务，利用汽车空间大和运送平稳的优势，将鲜花远距离送达顾客手中。

经过对送货服务的优化，××花店的顾客满意度显著提升。顾客普遍反映送货速度快、服务态度好、花卉品质高。同时，花店的线上订单量也大幅增加，特别是在节假日期间和特殊场合，送货服务成为花店吸引顾客的重要因素之一。

此外，通过与第三方物流平台的合作，××花店还成功拓展了业务范围和市场覆盖面，为更多顾客提供了便捷的送货服务。这些成果不仅提升了花店的品牌形象和市场竞争力，也为花店带来了更多的商业机会和收益。

第八章

多元经营

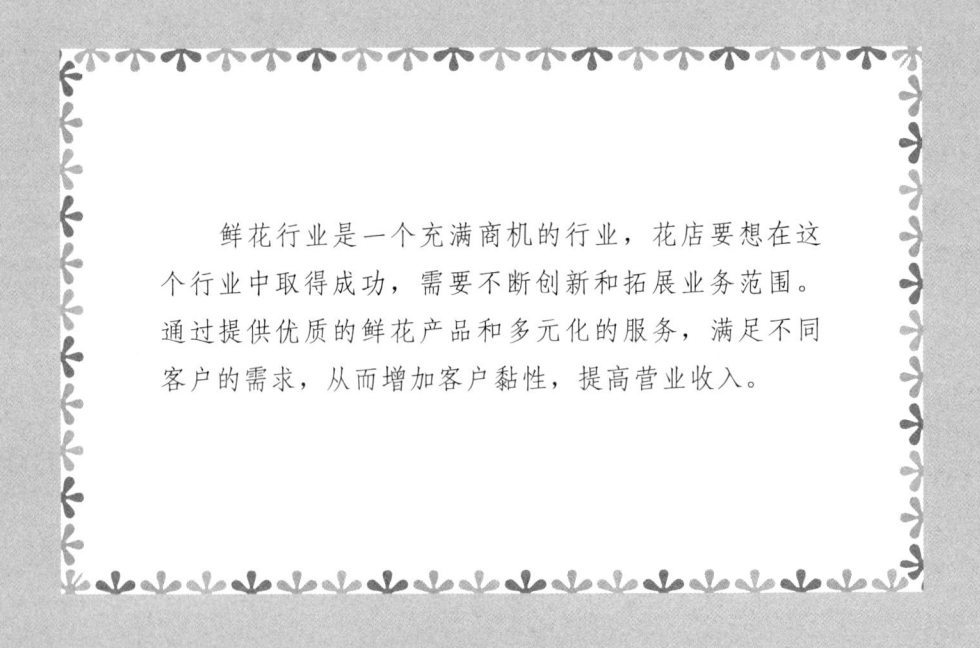

鲜花行业是一个充满商机的行业，花店要想在这个行业中取得成功，需要不断创新和拓展业务范围。通过提供优质的鲜花产品和多元化的服务，满足不同客户的需求，从而增加客户黏性，提高营业收入。

第一节
扩大规模,增加店内服务

花店的发展中,店主可以充分启动与花卉相关的经营项目来扩大经营规模,这样才能让花店拥有更多获取利润的渠道。

一、增添鲜花礼品经营

在花店内可以建立一个鲜花礼品屋,每一个小礼品都与花有关,有纯鲜花制作的,也有以花为主或以花为辅制作的。

鲜花礼品能充分展示出花卉的魅力,有古色古香之美,有浪漫华丽之美,有返璞归真之美,有小巧玲珑之美,有随意想象之美……每一件礼品都代表一份真诚的祝福。

二、增添音乐花艺吧

现代人重情调,特别是年轻人。开一个音乐花艺吧,人们在这里赏花赏乐、净化心灵,享受着生活的美好与惬意。心情不好时来到这里,则会舒缓压抑的情绪;跟爱人来到这里,感情可以升温,甜蜜可以加倍;跟亲人来到这里,会更加懂得互相珍惜。它可以为爱花、爱静、爱美的人创造一个属于他们的世界。

三、增添鲜花摄影业务

在这里,每一幅摄影作品都以鲜花为主题。桌上放的是鲜花,椅子周围也是鲜花,摄影人的服装点缀着鲜花,手里拿的是鲜花,眼前看到的是鲜花,脚底也是一片鲜花,头上戴着鲜花,目之所及是一片花的海洋,呼吸的是充满着清香的空气。爱花的人在这里可以发现一个更美丽的自己,并定格下花里的自己,留下美好的记忆。

四、增添鲜花食品服务

鲜花可以是色、香、味、形及营养俱佳的统一体。建一个鲜花食品屋，为人们提供用可食用鲜花制成的美食。

比如，用紫藤花制作的鲜花糕点，还有桂花丸子、肉汁牡丹、油煎槐花、玫瑰鲜花饼（如图8-1所示）等。让顾客在品尝鲜花食品的同时，也可感受鲜花文化。

图 8-1　玫瑰鲜花饼

第二节　拓宽思路，开展店外服务

通常"店堂销售"是花店销售中最原始也是最基础的方式，而面对越来越激烈的竞争，店主除了要在花色、品种等方面下功夫外，还需通过开设多种店外服务项目，来满足人们的消费需求，使更多的人爱花养花，从而增加花卉的销售，并获得更多的利润。

一、花卉租赁

花卉租赁可分为临时租赁和长期租赁。长期租赁适合社会交往活动频繁的场所和办公地点，如宾馆、旅行社等。

花卉租赁也适合于家庭。现在人们的生活水平提高，许多家庭都愿意养几盆花卉来美饰家居。但由于工作繁忙、生活节奏快以及缺乏园艺知识，培养的花卉往往得不到很好的管理，长得不尽如人意，起不到应有的美化家居的效果。花卉租赁便可免除人们的这一烦恼，花很少的钱，就可在家中欣赏到盛开的花卉。

人们也可在朋友聚会、亲人团聚、欢度节日之际，租几盆花摆放在家中，以渲染欢乐气氛，营造一种高雅的情调。

相关链接

花卉租摆将成未来趋势

随着花卉在室内美化的地位越来越重要，花卉租摆业务趋热。一些大的花木生产企业、园林及市内出售盆栽花的花店都提供租摆业务。

1. 企业租花渐趋成熟

目前企业租摆率较高的花卉主要是发财树、滴水观音、富贵竹、夏威夷竹等。这些较为常见的花卉每株每年租金在180～200元，而市场售价在400元左右，有的甚至更贵。

对于企业而言，比起购花，租花显得更划算，不仅没有养不活的风险，而且可以常换常新。有些花卉和绿色植物虽然好看，但需要专业维护。比如，有一家企业曾花费7000多元，购大量花卉装饰办公室，因为维护不善，所以大量花卉枯萎死亡。现在选择租赁花卉，不仅可以降低成本，还可以省去维护花卉的麻烦，而且可以不时变换"口味"，更换花卉品种。因而，花卉租赁越来越受到企业的欢迎。

此外，专业活动成为花卉租摆的重头戏。圣诞节、元旦、春节、情人节等节日，企业新闻发布会、总结表彰会、产品展示会、房产公司新楼开盘、企业开张等，基本上都要租一些花卉来装点。这种短期的花卉租摆，通常按时间和盆数收费，由经销商根据对方的需求和会场大小安排花卉盆数，灵活方便。

2. 家庭租花需求渐旺

花卉租赁对于大多数人来说并不陌生。随着绿色家居理念的深入人心，家庭花卉租赁需求逐渐旺盛，在一些大城市运作良好。

随着人们居住环境的改善，家庭花摆的潜在市场巨大，这将是租摆行业一个新的经济增长点，个人家庭花卉租摆存在不少商机。有消费者表示，只要价格合理，还是很希望花商开设家庭市场业务。每月花几十元到几百元租金，家中就能四季常绿，花香缭绕，这该是多么惬意的事啊！更何况盆花摆放、浇水、施肥、病虫防治、修剪整形、叶片清洁、更换运输等都由花卉租摆公司代劳。

这项服务，对工作繁忙、爱好绿植而又缺乏养护经验甚至担心造成名贵花卉"夭折"的市民来说，的确很划算。花商也表示，只要能够帮助市民选好合适的花卉品种，通过小区物业或直接为社区居民、业主提供花卉租摆服务，以小区为单位分摊花商的养护成本，家庭花卉租摆市场将会拥有无限商机。

二、花卉意境设计

现在社会上用花卉装扮庆典会场、婚礼会场、办公室、住宅等场所来渲染气氛的做法已比较普遍，但由于组织者缺乏专业技能，结果往往是花费不少，但达不到所期望的气氛效果，因而花卉意境设计这项服务便应运而生。

作为一个设计者，除了要对各种花卉的特性、象征含义等有较深的研究外，还需具备色彩、构图、建筑、心理学等知识。设计者要根据服务对象所要求达到的气氛效果设计如何摆放花卉。

比如，要装扮一个大型会议的会场，就要根据会议的主题、来宾以及服务对象的类型确定渲染怎样的气氛效果，并由此来进行花卉意境设计，确定摆放什么花草，采用什么方式和图案等。

三、花卉门诊

现在许多单位和家庭都愿意自己养上几盆花装点居室，但由于缺乏一定的园艺知识，对花卉所需的土壤、温度、湿度等条件以及越冬越夏措施不了解，难以养好，想去请教却又无处咨询。因而花店可设立一个"花卉门诊"，并开通"花大夫热线"，接受大众的花卉养护咨询，对花卉的病虫害进行诊断，并组织补救。

另外，花店还可利用已有的设施，开设"花卉病房"，对某些娇贵的花卉进行看护，为某些越冬的花卉提供场所等。这样可免除养花人的种种顾虑，并可提升花店的知名度，完善售后服务，从而增加花卉的销售。

第三节 多方联动，发展社区业务

社区物业管理的其中一项任务就是为住户们创造优美的环境，这也就为花店店主们提供了扩大业务范围、展示经营才华的机会。

一、善于抓住机会

实践中，店主只要有胆识、敢想敢做，把花店的花艺做成绿化作品，为小区的生活环境增添活力和温馨，那么就可以为自己争取到很多的业务，可以把花店做的花艺作品摆放在社区的显眼位置，如社区花园、社区宣传栏、社区门口等。

另外，在各种节日里，也可以摆放适应节日气氛的应景作品，比如中秋节的时候在社区绿化区展示一品红、菊花，圣诞节时制作一棵圣诞树摆放在社区门口，等等。

二、承担绿化养护工作

小区的绿化管理是每日必不可少的一项工作，也是一项技术性强却又繁重的工作。如果承接了此项业务，那么就可以为每一位绿化养护员配备带有花店标识的工作装。这样也可以让小区的居民对花店的整体形象有一个比较直观的认识，打造花店的良好品牌，从而为开展家庭绿化服务奠定良好的基础。

三、开展家庭绿化系列服务

随着小区绿化业务的开展和稳定，可以对小区内住户开展家庭绿化系列服务，包括定时换花业务、电话订花业务、绿化设计业务等，如图8-2所示。

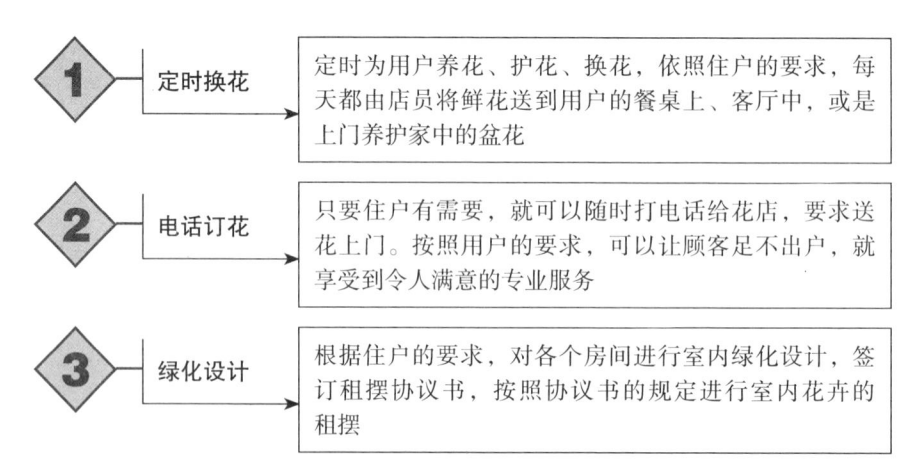

1	定时换花	定时为用户养花、护花、换花，依照住户的要求，每天都由店员将鲜花送到用户的餐桌上、客厅中，或是上门养护家中的盆花
2	电话订花	只要住户有需要，就可以随时打电话给花店，要求送花上门。按照用户的要求，可以让顾客足不出户，就享受到令人满意的专业服务
3	绿化设计	根据住户的要求，对各个房间进行室内绿化设计，签订租摆协议书，按照协议书的规定进行室内花卉的租摆

图 8-2　家庭绿化系列服务项目

> **温馨提示**
>
> 对社区居民所开设的每一项服务都是花店业务的再扩大，都会促进花店一步步壮大。

案例

××花茶坊多元化经营下的利益扩大化

××花茶坊是位于××湖畔的一家大型花店，面积达到500平方米。自2015年创立以来，花茶坊不仅保留了传统花店的经营模式，还通过多元化经营策略，实现了业务的快速增长和利益的扩大化。其多元化经营策略如下：

1. 融合花艺与茶艺

××花茶坊将花艺与茶艺巧妙融合，店内不仅有琳琅满目的花卉和绿植，还设有专门的品茶区。顾客在挑选花卉的同时，还能享受一杯香茗。这种独特的经营模式吸引了大量追求生活品质的顾客。

2. 自产盆栽与高品质花卉

××花茶坊依托××园艺的种植基地，自产高品质的盆栽花卉，如蝴蝶兰、大花蕙兰等。这些盆栽不仅品种优良、花期长，而且设计独特，深受顾客喜爱。自产盆栽的引入不仅降低了采购成本，还提高了产品的市场竞争力。

3. 开设花艺、茶艺培训课程

除了零售业务外，××花茶坊还推出了中高端的花艺、茶艺培训课程。这些课程由资深花艺师和茶艺师授课，内容涵盖插花艺术、茶艺表演、植物养护等多个方面。通过培训课程，××花茶坊不仅增加了收入来源，还提升了品牌形象和知名度。

4. 推出绿植软装服务

随着现代居住环境的改善和人们对生活品质的追求，室内绿植软装成了一个新的消费热点。××花茶坊敏锐地捕捉到了这一市场机遇，推出了绿植软装服务。店内设有专门的展示区，展示各种风格的绿植软装方案。顾客可以根据自己的需求和喜好选择适合的方案进行定制。这一服务不仅满足了顾客的个性化需求，还为花店带来了可观的利润。

5. 开展社区团购与会员制服务

为了进一步拓展市场，××花茶坊还开展了社区团购和会员制服务。通过社区团购，花店能够批量销售产品，这降低了成本并提高了销售额。同时，会员制服务则通过提供优惠和增值服务吸引顾客长期消费，提高顾客的忠诚度和复购率。

经过多元化经营策略的实施，××花茶坊取得了显著的成果：

（1）营业额持续增长：从最初的全年营业额100多万元逐步增长到500多万元，并在2020年突破了千万元大关。

（2）品牌影响力提升：××花茶坊在当地乃至全国范围内都享有较高的知名度和美誉度，成为引领美学生活的重要力量。

（3）客户满意度提高：通过提供高品质的产品和服务，××花茶坊赢得了大量忠实客户的青睐和好评。

第九章

线上经营

网络花店行业是近年来快速发展的新兴行业，主要是通过互联网平台将传统的线下购买方式转移到线上，为消费者提供更为方便快捷的购花服务。随着市场竞争的加剧和消费者需求的变化，网络花店需要不断创新和提高服务质量，才能在激烈的市场环境中立于不败之地。

第一节
布局线上，开通网上店铺

当鲜花遇上互联网，不仅改变了这个传统行业的经营模式，更影响了市民的消费习惯，鲜花也可以成为快消品，融入网购大潮。随着鲜花电商的崛起，不少本地实体花店也按捺不住，纷纷开起了"网上花店"。

一、建立鲜花网站

现代年轻人都追随时尚潮流，喜欢上网浏览、购物，发掘新的商品信息。所以建立一个精美的小网站也是大势所趋。那么怎样开设一个独特的鲜花网站呢？

1. 选择网络服务商

网络服务商的作用是为鲜花店在各个搜索引擎上注册，为鲜花店网上注册域名，所以选择好的网络服务商是一件很重要的事。所找的网络服务商，最好是能提供丰富资源的服务商。

2. 域名设置

独立网站的关键词是域名，因此域名的设置十分重要，通常都是客户搜索花店时最常用的关键词，如花店的品牌名等。设置好域名之后，一定要确保域名是可用的，可以在阿里云上查询域名的使用情况。

> **温馨提示**
>
> 域名更换须十分谨慎，一旦更换域名，原域名下的SEO（搜索引擎优化）设置和用户已有的搜索习惯，就都得重新再来了。

3. 内容设计

鲜花店的网站一定要设计精美、内容丰富、风格富有情调，要突出花卉的独有特色，一般包含如表9-1所示的几个方面。

表 9-1 鲜花店网站应具备的内容

序号	内容	具体说明
1	鲜花店简介	在这一栏目里可以对鲜花店做一个形象而生动的介绍，如果在创业过程中有一段感人的故事，也可以将它融入其中，这样更能加深顾客对鲜花店的印象
2	经营范围概述	将鲜花店的经营范围、各个项目所包括的内容详细介绍出来，让人一目了然。如有特别经营项目要重点突出，体现出鲜花店的独特之处
3	花卉品种展示	网页要制作精美，让人看过之后有身临其境的感觉，而且要把各种花卉的配套花艺展现出来，并配有色彩艳丽的图片，使人眼前一亮，过目不忘
4	服务项目一览表	每个顾客都希望在购买花卉时能得到热情优质的服务，将花店的服务标准列在网上，可以接受每一位顾客的监督
5	专题网页	每逢节假日要制作专题网页。网页主要把节日所需花卉的品种、花艺尽显其中，并配上图片
6	促销网页	鲜花店的促销网页要灵活多变，时常推陈出新，而且要根据季节、时令及鲜花生长期的变化而变化
7	网上订花热线	在网站中注明各种联系方式，顾客如果在网上看到花卉想购买时，可加微信、发电子邮件、发传真、打电话订购

温馨提示

鲜花店网站一定要突出花卉独有的魅力，条件允许的情况下可每周更换一次图片；并在每个网页上以鲜花为主题配一首浪漫温情的诗歌，这样会增加网页浏览量。

4. 外观设计

无论是实体花店还是网上花店，优美而独特的外观，总是能够吸引客户的眼球，所以网站外观的设计对经营一间网上花店而言是十分重要的。具体要求如下：

（1）背景颜色。

在选择背景颜色的时候，要十分留意整体的协调性，好的背景设计并不要求包含大量的流行元素，而是抓住其中几个主打的元素便可，否则容易显得杂乱无章。

（2）产品图片。

产品图片要在展现出产品独特风格的同时，注意整体的统一协调性，需要特别注意的是图片的规格要一致，避免同一板块上出现尺寸有大有小、排版无序的情况。

（3）logo设计。

在网站设计时，要注意留出一个大小足够的位置来展示自家花店的logo。科学统计显示，一个简单美观的logo比一个风格独特的logo更加吸引人。

5. 网站维护与更新

花店网站应该有专人负责维护与更新，如新添些花名目录、品种报价等，让顾客感受到花店的"新鲜"。

二、注册个人网店

近年来，鲜花电商大受追捧，国内消费者对鲜花产品的需求正逐年上升，互联网预订渐成趋势。为了扩大销量，店主也可以自己在电商平台上注册网店。

下面以PC端注册一个淘宝网店为例，向大家介绍操作步骤。

1. 开店入口

打开淘宝网页，点击【免费开店】或手机淘宝搜索"开店"进入淘宝开店入口。如图9-1所示。

图9-1 淘宝开店网页及应用截图

2. 选择开店身份

淘宝将商家分为以下三类：

① 普通商家，即非达人/品牌商外的其他商家。

② 达人商家，即抖音、快手、哔哩哔哩、微博等平台的主播/达人/明星/UP主（个人或机构），有一定的粉丝量基础。

③ 品牌商家，即自有或独有品牌，或有商标注册证。

知名品牌推荐开天猫店，新创品牌推荐开淘宝店并进行品牌认证。如图9-2所示。

图9-2 开店身份类型

3. 选择店铺类型

① 个人商家，适用于个人，需提供个人身份证、个人支付宝。

② 个体工商户商家，营业执照类型为"个体工商户"，需提供营业执照、法人身份证正反面照片、个人或企业支付宝等。

③ 企业商家，营业执照类型为"××公司/企业/农民专业合作社"等，需提供营业执照、法人身份证正反面照片、企业支付宝等。

4. 登录注册

① 登录淘宝账号。若没有淘宝账号，手机验证码登录之后会自动生成淘宝账号。

② 填写店铺名，注意店铺名可修改。

③ 勾选协议，点击"0元开店"。

5. 认证支付宝

完成支付宝认证，点击"去认证"或"去绑定"，按照提示流程完成支付宝认证。

6. 登记主体信息

① 个人商家，需要登记个人证件图、经营地址、姓名、证件号等信息。

② 企业商家，需要登记营业执照图、营业执照证件号、营业执照有效期、法人证件图、法人证件号、法人姓名、法人证件类型等信息。

7. 实人认证

用淘宝/千牛App扫码进入人脸识别系统，登录的淘宝账号需要跟申请的淘宝账号一致。

① 个人开店,需信息登记的证件持有人本人刷脸认证。

② 企业开店,法人认证需信息登记的法人证件持有人本人刷脸认证;非法人认证,需店铺实际经营人上传身份证正反面照片后完成刷脸认证。

8. 开店成功

完成商家创业档案,登录的淘宝账号需要跟申请的淘宝账号一致。商家创业档案,可以让平台全面了解你的信息,为你推荐更好的扶持策略和新店福利。

> **温馨提示**
>
> 淘宝开店成功后连续5周无商品上架的店铺将进入"暂时释放"状态,无法正常访问,所以,需要及时发布商品、经营店铺。

三、微信小程序开店

随着微信小程序的上线,线下实体花店乃至整个鲜花行业都迎来了一次大变革。

1. 什么是小程序

微信小程序(简称"小程序"),是一种不需要下载安装即可使用的应用。它实现了应用"触手可及"的梦想,用户扫一扫或搜一下即可打开应用,也体现了"用完即走"的理念,用户不用担心安装太多应用的问题。小程序无处不在、随时可用,但又无须安装卸载。

2. 小程序的功能

用户可以通过小程序搜索找到附近的鲜花店,足不出户就可以实现店面查看和鲜花预订。

而在线预订的鲜花,既支持门店配送,也支持送花者自取,整个流程走下来,只需要2~3步就可以实现在线订花。

3. 小程序的价值

小程序助力花店打造新零售,是一个很好的开始,新零售再反向作用于实体店，从而搭建好线上线下良性运作的新零售平台。通过小程序开店，其价值体现在如图9-4所示的四个方面。

价值一 通过小程序与微信公众号的联动，使得小程序可以触达粉丝，从而提高用户的访问量，进而提高销量

价值二 通过"附近的小程序"功能，增加店铺的曝光率，从而增加销量，同时也可以提升店铺的知名度

价值三 改善用户订花体验，这种体验既优于App的下载门槛，也优于微信公众号的关注门槛

价值四 通过小程序进行预订，不仅可以节约用户的时间，还能使鲜花实体店实现时间上的良好分配，做到短时间配送

图 9-4　小程序的价值

4. 花店小程序的功能

花店小程序应该包含如表9-2所示的几个主要功能。

表 9-2　花店小程序的功能

序号	功能	功能说明
1	用户注册登录	用户可以通过手机号或者微信号进行注册和登录，以便于后续的鲜花预订和购买操作
2	在线预订	用户可以在花店小程序中浏览各种鲜花，选择所需的鲜花种类、数量、价格等，并在线预订鲜花，留下收花人的姓名和联系方式
3	订单管理	用户可以在花店小程序中查看自己预订的鲜花订单状态，并进行订单管理，如取消订单、修改订单等
4	送货上门	花店小程序应该提供鲜花送货上门服务，用户可以在线支付送货费用、填写送货地址等信息，花店会将鲜花送货上门
5	营销推广	花店小程序可以通过营销推广活动吸引更多的用户，如新人注册奖励、满减优惠、折扣优惠等
6	店铺介绍	花店小程序应该包含店铺介绍、营业时间、联系方式等相关信息，以便于用户了解花店的详细情况
7	在线客服	花店小程序应该提供在线客服功能，用户可以通过在线客服咨询有关鲜花的问题或疑虑，提高用户的购买体验

5. 花店小程序开发

花店小程序开发一般包括以下六个步骤：

① 需求分析：明确小程序功能，如鲜花展示、分类、购买、订单追踪、用户评价等基本功能，再添加会员系统、优惠券、配送时间选择等特殊功能。

② 设计阶段：界面设计要美观且符合花店风格，页面布局一般包括首页（展示热门鲜花、新品推荐）、鲜花分类页、商品详情页、购物车、订单结算页、个人中心等。

③ 选择开发方式：自行开发，或委托第三方平台开发，利用如微信小程序开发平台，通过拖拽组件、简单配置就能搭建。

④ 开发功能模块：一般模块包括商品管理、购物车功能、订单管理和用户管理等。

⑤ 测试环节：进行功能测试，检查鲜花购买流程、支付功能等是否正常；进行兼容性测试，确保小程序在不同型号手机和微信版本上都能正常使用。

⑥ 上线发布：完成测试后，提交小程序审核，审核通过后即可发布上线，然后推广运营。

> **温馨提示**
>
> 最重要的还是要寻找到微信小程序在鲜花领域的应用场景，这样开发出的微信小程序才能有市场，用户才会喜欢，才能给店铺带来更多的收益。

6. 小程序营销

由于小程序具有线下LBS（Location Based Services，基于位置的服务）和线上社交营销双重推广属性，与鲜花订购电商运营高度契合，可以帮助鲜花店铺快速汇聚人气、传播口碑、提升复购率。对于地域性的鲜花订购电商店铺而言，尝试通过小程序增加获客渠道是行之有效、立竿见影的方法。借助"附近的小程序"LBS推广功能，用户可以通过微信快速找到周边的鲜花店铺。

相关链接

花店如何用小程序做拼团活动

拼团活动作为一种新兴的电商营销模式，已经在各个行业得到了广泛的应用。对于鲜花店来说，通过微信小程序开展拼团活动，可以吸引更多的用户关注和购买，同时提高销售额和品牌知名度。以下介绍鲜花店如何在微信小程序上做拼团活动。

1. 确定拼团活动的目标

在策划拼团活动之前，鲜花店需要明确自己的目标。目标可以是提高销售额、增加用户关注度、增加新用户等。明确目标后，可以有针对性地设计拼团活动的方案。

2. 设计拼团活动的方案

在设计拼团活动方案时，需要考虑以下几点：

（1）拼团人数。如果拼团人数设置太多、门槛太高，用户对于成团的期望太低，参与度就比较低，失败团多；如果拼团人数设置太少，成团后用户就会停止分享，对于商家而言推广引流效果就比较差。拼团的人数一般是根据价格优惠的力度来定的，拼团人数越多，成团难度越高，相应的优惠也就越大。一般来说，20元左右的优惠以3~5人团为主；50元左右的优惠以6~8人团为主；100元以上的优惠多以10人团为主。

（2）拼团品种。对于活动的选品，选择的原则应该为单价低、适合传播、覆盖人群范围广、易消耗、品质好、历史销量和复购率高。可以选择店内最受欢迎、最具代表性的鲜花品种进行拼团，也可以所有品种都参与拼团活动。需要注意的是，参与拼团的鲜花品种应该具备高品质、高性价比的特点，容易吸引用户购买。

（3）拼团规则。可以制定一些拼团规则，比如每个团员需要购买指定数量的鲜花、每个团最多有多少人等。规则的设置可以控制拼团活动的规模，同时增加用户的参与度和购买意愿。

（4）拼团价格。对于商品的定价，如果拼团价格设置得过低，商家让利太多，成本就太高；如果拼团价格设置过高，优惠力度过小，用户参与度和推广度就比较低。所以，鲜花店主要从老用户和新用户两方面考虑。

对于新用户，考虑到对花店还没有建立起信任，产品价格一定要低于用户的心理预期，诱导客户完成下单。以鲜花品类来说，一般不高于30元，以9.9元和19.9元最为常见。在这个定价的基础上结合成本进行选品。而对于老用户，为了刺激开团，花店一定要让其感到有明显的优惠，应选取口碑好、历史销量和复购率高的产品。

（5）拼团时间。活动时间需要结合鲜花店的实际情况进行合理设置。通常，拼团活动的时间应该比较短，以快速吸引用户参与，同时避免用户长时间等待。

（6）参与方式。可以通过微信小程序页面直接参与，也可以通过分享邀请等方式参与。需要注意的是，参与方式应该尽可能简单、便捷，方便用户参与。

3. 开发后台管理系统

为了方便管理拼团活动数据和订单信息等，鲜花店需要开发后台管理系统。后台管理系统应该具备以下功能：

（1）管理拼团活动数据：可以查看拼团活动的参与人数、订单数量、销售额等，方便商家了解活动效果。

（2）管理订单信息：可以查看拼团订单的详细信息，包括订单号、购买人数、支付状态等，方便商家对订单进行跟踪和管理。

（3）发送拼团通知：可以通过微信或短信等向参与拼团活动的用户发送通知，提醒用户进行拼团操作。

（4）数据分析和报表生成：可以通过数据分析和报表生成等功能，更好地了解用户需求和市场变化，为后续的拼团活动提供参考。

4. 宣传和推广拼团活动

为了让更多的用户参与到拼团活动中来，鲜花店需要进行宣传和推广。具体可以采取以下措施：

（1）小程序首页宣传。在微信小程序的首页添加拼团活动的海报或宣传语等，吸引用户的注意力。

（2）社交媒体宣传。在社交媒体平台发布拼团活动的海报、软文等，吸引更多用户关注和参与。

（3）微信群推广。将拼团活动的海报或宣传语等分享到微信群中，让更多的用户看到并参与进来。

（4）其他合作推广。与其他商家或平台合作推广拼团活动，扩大活动影响范围。

5. 总结拼团活动效果和改进拼团活动

在拼团活动结束后，鲜花店需要及时总结和评估活动效果，分析数据并发现问题，提出改进措施。主要对拼团活动的数据进行分析总结，比如参与人数、订单数量、销售额等数据。

第二节
齐头并进，打通外卖业务

互联网的迅猛发展使外卖成为一种趋势，深受广大消费者的追捧和青睐。近年来，随着生活水平的提高，人们对于鲜花的需求也越来越高。因此，商家可以将鲜花产品通过外卖的便捷通道给推销出去。

一、选择外卖入口

现有外卖流量入口有两种形式：搭建自营外卖系统、入驻第三方外卖平台。

1. 搭建自营外卖系统

在外卖成本日趋增高的情况下，生鲜商家自营外卖可以看作增强对自身品牌掌控力的一个举措，同时也是更加贴近消费者的方式。随着消费者习惯的改变，自营外卖的品牌商家也逐渐增多。实际上，商家自己的粉丝是做自营外卖的最好对象，线下流量是提升店铺外卖销量的新突破口。

那什么是自营外卖呢？具体来说，商家做自营外卖意味着顾客不再需要通过美团、饿了么等外卖第三方平台点单，而是通过品牌自建的微信公众号（或小程序）和App下单。

与肯德基宅急送、麦当劳麦乐送等自营配送团队不同的是，目前市面上自营外卖的品牌多选择和第三方配送平台合作，如顺丰、达达、闪送等。在获取流量的过程中，商家利用微信公众号开展点单、提供优惠以及举办庆典等活动来吸引用户。同时，商家自建会员模式，注册用户可成为店内会员，或享受商品折扣，或在支付订单时享受会员价，以此建立忠实于品牌的客群。

外卖行业的本质是提供精细化的配送服务，对于想要搭建自营外卖系统的商家，需要认真思考，在打造自己品牌的外卖平台时，要加强以下三个方面的管理。

（1）配送服务管理。

在配送服务管理方面，商家需完善外卖配送管理系统。在配送端为配送员提供订单之后，根据订单对配送路线进行合理规划，保证配送的及时性，提升外卖配送服务质量。同时，通过智能调度将订单进行整合，降低物流成本，实现智能化配送。

（2）配送团队规范管理。

配送员的服务态度对用户体验会产生直接的影响，因此商家在配送方式的选择上要更加慎重。同时，对配送团队应加以规范化管理，为用户提供优质的配送服务。

（3）平台服务内容管理。

在外卖线下整合之后，可以提升外卖平台的服务水平，提高用户留存率。在形成稳定的用户群体之后，外卖平台可以拓展新业务，促进多元化发展。

> **温馨提示**
>
> 商家想要挑选合适的外卖系统服务商搭建自营外卖平台，需要深入了解外卖市场需要什么、外卖用户想要什么。

相关链接

自营外卖平台如何突出品牌

1. 统一的礼仪话术

如今很多服务行业都有固定的话术和礼仪，比如很多餐饮店，顾客一来，服务人员就会鞠躬，然后说欢迎光临等。由于人与人对同一种制度的理解可能不一样，因此统一话术可以避免给顾客造成不信任感。而礼仪服务能将顾客的地位抬高，也能让顾客在消费时获得愉悦，同时觉得平台很专业。

2. 统一服装

统一的服装给人以整齐、精神的感觉。外人看着，会觉得这是一个有组织、有纪律、团结协作的集体，更容易让人产生信任感。

3. 统一外卖包装

良好的外卖包装不仅能够起到保护商品的作用，还能让人第一时间了解产品，并由此产生下单的欲望。外卖包装可能仅仅增加几角钱的成本，但就能和其他外卖平台区别开来。差异化包装可使包装的档次有明显的区分，也能让用户获得良好的体验。

2. 入驻第三方外卖平台

第三方外卖平台拥有市场上大量的外卖流量，靠抽佣和第三方合作盈利，比如饿了么、美团。其适合市场上所有想开展外卖业务的商家。

（1）饿了么平台。

"饿了么"是2008年创立的本地生活平台，主营在线外卖、新零售、即时配送和餐饮供应链等业务。饿了么以"Everything 30min"为使命，致力于用科技打造本地生活服务平台。2020年，饿了么与玫瑰信物品牌ROSEONLY达成合作，双方联手升级同城配送服务。此外，饿了么蓝骑士还可根据消费者需求提供"万能服务"，比如帮表白、朗诵情诗、唱祝福歌等。

随着网络外卖的发展，越来越多的鲜花商家选择在网络外卖平台开店引流。那么如何入驻饿了么呢？具体流程如图9-5所示。

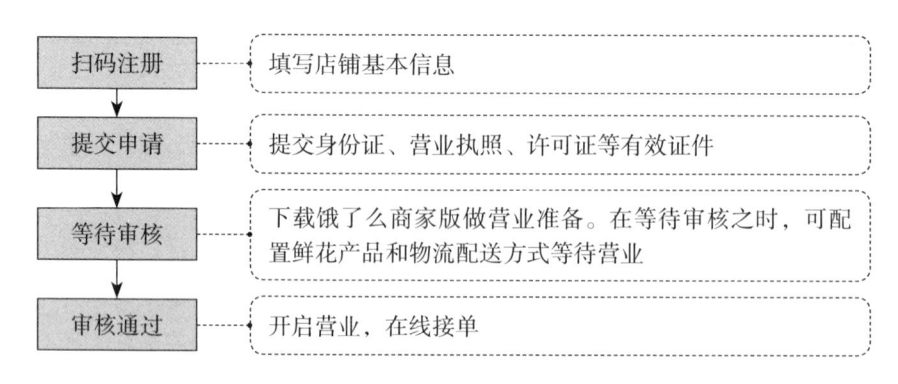

扫码注册	┄┄	填写店铺基本信息
提交申请	┄┄	提交身份证、营业执照、许可证等有效证件
等待审核	┄┄	下载饿了么商家版做营业准备。在等待审核之时，可配置鲜花产品和物流配送方式等待营业
审核通过	┄┄	开启营业，在线接单

图9-5 入驻饿了么平台的流程

（2）美团外卖平台。

美团的使命是"帮大家吃得更好，生活更好"。作为一家生活服务的电子商务平台，公司以"零售+科技"为战略，以"吃"为核心，通过科技创新，和广大商户及各类合作伙伴一起，努力为消费者提供品质生活，推动生活服务业需求侧和供给侧数字化升级。

① 入驻美团外卖的流程。商家入驻美团外卖的流程如图9-6所示。

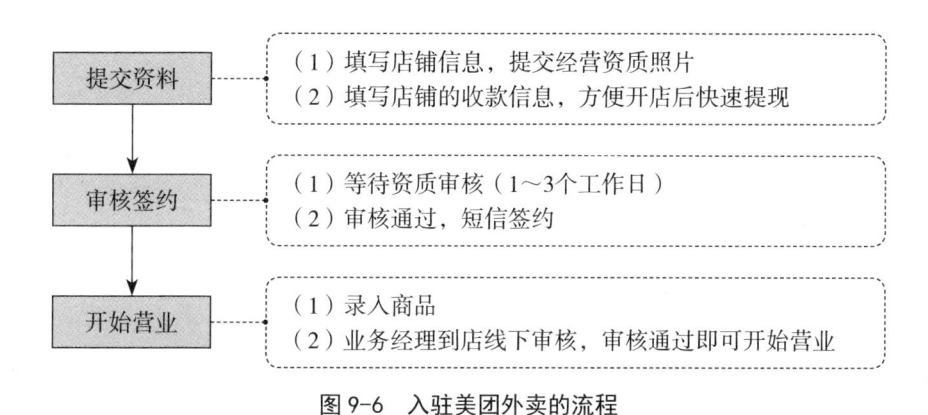

```
提交资料 ----> (1) 填写店铺信息，提交经营资质照片
              (2) 填写店铺的收款信息，方便开店后快速提现
   ↓
审核签约 ----> (1) 等待资质审核（1~3个工作日）
              (2) 审核通过，短信签约
   ↓
开始营业 ----> (1) 录入商品
              (2) 业务经理到店线下审核，审核通过即可开始营业
```

图9-6　入驻美团外卖的流程

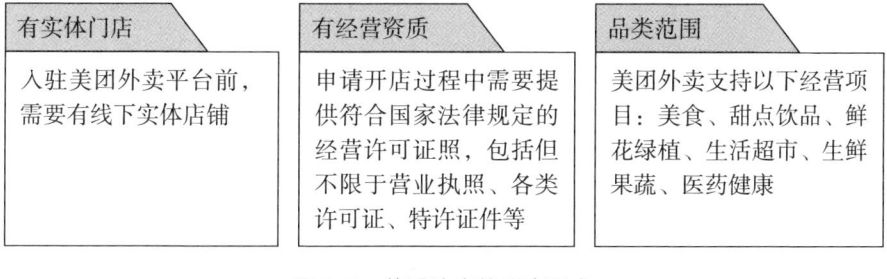

② 美团外卖的开店要求。美团外卖的开店要求如图9-7所示。

有实体门店	有经营资质	品类范围
入驻美团外卖平台前，需要有线下实体店铺	申请开店过程中需要提供符合国家法律规定的经营许可证照，包括但不限于营业执照、各类许可证、特许证件等	美团外卖支持以下经营项目：美食、甜点饮品、鲜花绿植、生活超市、生鲜果蔬、医药健康

图9-7　美团外卖的开店要求

相关链接

入驻第三方外卖平台与自建外卖平台的对比

1. 入驻第三方外卖平台

（1）入驻第三方外卖平台需缴纳押金，一般都是按年计算，且同类型商户众多，同质化竞争较严重，长远来看不利于商户自身发展。

（2）平台要在每笔订单中抽取20%的提成，让原本乐意使用平台的商户无法接受。

（3）入驻第三方外卖平台，品牌与用户资源都是平台的，商家无法掌握用户群体。

（4）平台之间顾客随意性和流动性比较大，商家无法与新老用户形成黏性。

（5）平台上商家无法建立自己独立的会员系统、营销系统。

2. 自建外卖平台

（1）无须缴费，入驻开店更简单。比如微信外卖平台相当于商家在自己家的门面做生意，不需要任何平台佣金；基于微信公众号建立，只需拥有一个微信公众号即可快速建立属于自己的微信外卖平台。

（2）无须下载第三方外卖平台App，更省事。用户只需关注鲜花品牌微信公众号即可在线浏览菜单、下单、付款。

（3）促销活动发布更灵活。商家利用微信公众号平台即可打造自己的品牌，可以随时发布新品上市、鲜花折扣、促销活动等消息，提高花店的知名度和吸引力。

（4）属于自己的私域营销阵地，有不容易受干扰的营销环境。第三方外卖平台上商家众多，同质化竞争较严重。

（5）管理维护会员更自由。用户只要关注商家品牌公众号，即可成为会员，而商家也能轻松拥有自己的会员系统、营销系统，最大限度地开发新用户，提高订单量。

更重要的一点是，微信外卖平台上的用户数据是掌握在商家自己手里的，这为以后的会员营销打下坚实的基础。而入驻第三方外卖平台，所有的用户数据全部归属于第三方外卖平台，作为商家掌握不了这些重要数据。

二、外卖运营策略

为了提高经营外卖业务的效率和盈利能力，店主需要制定并实施有效的外卖运营策略。

1. 定位明确

在运营外卖鲜花店之前,需要明确店铺的经营定位。经营定位的明确可以在很大程度上决定店铺产品的走向以及店铺的市场竞争力。

2. 优质花材

作为鲜花店,所售卖鲜花的品质和新鲜度直接关系到用户的回头率和口碑评价。店铺应优先选择品质上乘且新鲜的鲜花,并在花语和花艺方面加以巧妙运用,深入挖掘顾客需求。

3. 多样的价格体系

店铺应根据不同层次消费者的需求来设计和运营多样化的价格体系,情人节、母亲节、教师节等不同节日也可运用不同的方案和策略,以赢得顾客的青睐。

4. 敏锐的市场嗅觉

经营好一家鲜花店需要敏锐的市场嗅觉。及时调整价格、运用不同花材、改变店铺推销方式等市场策略的调整,能够更好地满足消费者需求并赢得市场份额。

三、线上线下衔接

外卖鲜花店的运营模式与普通鲜花店颇有差别,需要的是线上销售和线下配送的模式,这就需要店主做好线上线下的衔接。

1. 充分彰显自身特色

运营外卖鲜花店需要彰显自身特色,这需要各店铺根据自身的特点灵活运用各种宣传手段。

2. 线上线下同步推广

线上和线下的推广是密不可分的,这需要店铺经营者提出合理的推广策略,吸引用户关注和参与,提高店铺的曝光率和知名度。

比如,线上店铺可以在微信、QQ或微博等平台上进行营销,而线下实体门店则可以在街头巷尾开展"快乐送花"等互动活动。

3. 顾客 O2O 购物体验流畅

对于运营外卖鲜花店而言,线上与线下的顾客购物体验是至关重要的。店铺应在售前和售后的服务上花点心思，力求满足顾客的需求。

比如，线上购买的鲜花可以体现线下服务的质量，线下服务则应该体现线上服务的便捷。

四、优化产品和服务

店主要不断地优化外卖店铺的产品和服务，以便为顾客提供更好的购物体验。具体措施如图9-8所示。

骨干产品即刻交付	小礼品需根据节日推购	售后服务关系忠诚度
鲜花是一种讲求即时交付的产品，店铺应根据用户对不同花材的需求，用最快速度将鲜花送到客户手中，确保其新鲜度和花艺效果	对于那些对情人节等节日印象深刻的人，送一份小礼品的需求是非常大的，这就需要鲜花店在节日期间根据不同节日购买不同的小礼品，来满足顾客的需求	售后的服务和售前的服务同样重要。顾客在购买鲜花后常常需要掌握更多的花艺和花语知识，店铺也应开展一些相关学习活动，帮助顾客加深了解鲜花养护方面的知识，从而提高顾客忠诚度

图9-8 优化产品和服务的措施

五、提升店铺的曝光率

店铺曝光率指的是店铺（虚拟门头）在平台中被展示给用户的次数。这一指标是评估店铺潜在消费者基数大小的重要判断标准。如果你的店铺曝光率低，即使其他环节做得再好，也无法提高外卖销量。

提升店铺曝光率的办法如图9-9所示。

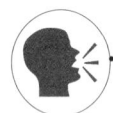

办法一　购买外卖平台的推广广告

推广广告是系统收费推广，因此效果比较明显，推广速度也比较快，只是开销比较大

办法二　提升店铺单品月销量

提升单品月销量容易产生店铺爆品，也就是高下单率产品。平台为了更好地获得销售分成，会对单品月销量高的店铺进行优先展示

办法三　提升店铺评价分

在店铺销售数据相当的情况下，平台会优先对店铺评价分值高的店铺进行优先展示

办法四　另起炉灶

平台一般会对新商户有一个新店推广期的曝光优先，这对在其他平台经营过差的店铺具有很好的重生效果

办法五　参加促销活动

在排名和筛选列表中，外卖平台对于活动力度大的商家会提供展示优先的特殊排名，提高顾客转化率

图 9-9　提升店铺曝光率的办法

六、提升进店人数

进店人数即为平台展示店铺后，有多少用户点击进入店面链接，浏览店内产品。能否在平台展示店铺后吸引用户点击进店，显然是线上平台商铺的第一道分水阀。

提升进店人数的办法如图9-10所示。

办法一　为店铺设计符合门店定位的展示标志

一个美观大方的标志会让顾客产生品牌信任感，在购买前对商品产生一定的好感，从而进店浏览

办法二　多开展平台通用类活动

可以多开展平台通用类活动，以提高客户的进店率

办法三　争取平台排行榜排名

每个平台都会出品类区域排行榜，店家可选择一两款爆款针对品类冲榜，可以提升店铺进店人数的转化率

图 9-10　提升进店人数的办法

七、提升店面下单率

进店后顾客下单是提高店铺营业收入的关键,一个下单率高的店铺往往销量会呈现爆发式增长。提升店面下单率的办法如图9-11所示。

办法一 将爆款产品放在首位
一个月销量超过200份的产品一般会产生爆品效应,带动无法选择的顾客延续购买,实现下单率最大化

办法二 设置不同的细分品类
根据区域顾客习惯设置简单清晰的分类目录,帮助顾客快速找到自己期望的商品种类,避免顾客因浏览复杂而放弃点单

办法三 清除零销量产品
不少店铺产品过多,一大堆零销量产品。清除零销量产品将有效提升顾客对店铺产品满意度,提高下单率

办法四 撰写清晰的产品名称
产品名称过短将严重影响顾客下单率。比如,玫瑰花束和11朵玫瑰花束,后者将对消费者产生更强的购买影响力

办法五 撰写有趣的产品描述
每一个产品建议添加一段描述,这点很多店主忽略了。一段描述将有效提升顾客对产品的感知价值和购买意愿,诙谐有趣的描述是当下互联网消费群体非常关注的

办法六 为每一个产品提供精美的具有品牌特色的展示图片
很多店主为了省事从平台图库选择产品图片,这就失去了店面独有的特色。当然,若自身照片太差的店还是用图库的图片比较好

图 9-11 提升店面下单率的办法

八、提升顾客客单价

店铺的顾客客单价是外卖营业额锦上添花的部分。一般来说一家门店的客单价比较稳定。

提升客单价的办法如图9-12所示。

办法一 设计热销品类
将爆款产品和爆款配套产品贴近排列,可以有效提升顾客客单价

办法二 减少同类型同价位非爆款产品
有些店铺为了让顾客有多种选择,放置很多同价位同类型的不同产品。这样会严重降低客单价,因为其忽略了外卖客户"意见领袖"对下单的影响力

办法三 设置特价商品
提前选好特价商品品类,限时、限量。比如,单枝戴安娜粉玫瑰原价10元,特价4.8元,这将促使客户进行额外消费,有效提升客单价

办法四 为高利润产品加上图片标签
上传产品前自己编辑好图片,编辑时为高利润产品加上标签,如推荐等,可以有效提升店面高利润产品的销量

图 9-12 提升客单价的办法

九、提升顾客复购率

复购率是"重复购买率"的简称,它能反映出消费者对该产品的忠诚度,复购率越高则忠诚度越高,反之则越低。复购率越高,店铺在列表的排名就会越高,得到的曝光量也就越多,自然也能吸引更多的人来购买。

复购率提升办法如图9-13所示。

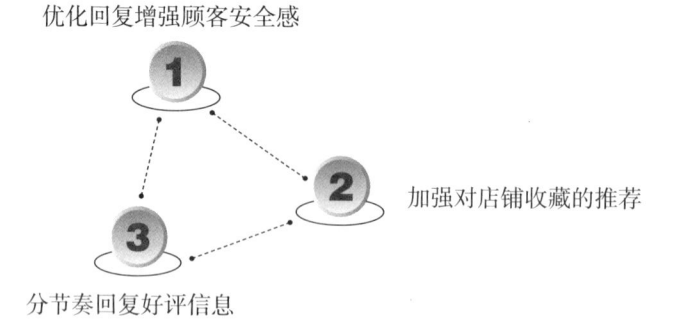

图 9-13　复购率提升办法

1. 优化回复增强顾客安全感

很多店铺并不关注顾客回复，认为购买过了就不需要好好回复，只设置机械的回复。这会让顾客感觉始终在和机器人对话，感觉店家不够用心，所以，店家应优化回复话术。好的回复话术应该至少向如图9-14所示的三个目标努力。

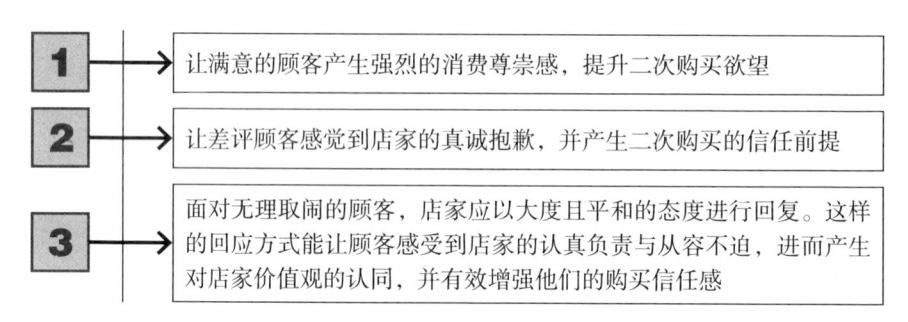

1. 让满意的顾客产生强烈的消费尊崇感，提升二次购买欲望
2. 让差评顾客感觉到店家的真诚抱歉，并产生二次购买的信任前提
3. 面对无理取闹的顾客，店家应以大度且平和的态度进行回复。这样的回应方式能让顾客感受到店家的认真负责与从容不迫，进而产生对店家价值观的认同，并有效增强他们的购买信任感

图 9-14　好的回复话术所要达成的目标

2. 加强对店铺收藏的推荐

我们都知道平台是一个逐利的战场，新店、品牌推荐等曝光手法层出不穷。让顾客轻易地找到自己的花店，唯一可以凭借的就是店铺收藏率。因此，花店在回复话术中、活动推介中应大力做好店铺收藏的推荐。

> **温馨提示**
>
> 从线下店的角度来说，网络平台的店铺收藏甚至可以媲美店面会员卡的作用，这将极大地提升复购率。

3. 分节奏回复好评信息

这是一个隐藏技巧。很多平台具有新评论和新回复优先显示的规则，因此，对于好评，特别是详细好评信息分节奏回复，并适当提醒收藏店铺，是邀请顾客二次消费的有效保障。

比如，顾客今天买了你家的鲜花，明天继续买的可能性就不大，但是一星期后二次点单概率会增加。而你的回复将像一条广告信息一样提醒顾客——您可以再次点击我们了。这是平台内唯一的用户信息推送广告形式。

第三节 网店维护，完善线上服务

建立和维护良好的客户关系对于网店的长期发展至关重要。通过定期与客户进行沟通，了解他们的需求和反馈，及时回复客户的咨询和投诉，提供优质的售后服务，可以提升客户的忠诚度和网店的口碑，促进销售额的增长。

一、售前服务

客户在看花的时候经常会问很多问题，毕竟客户都有货比三家的心理，所以这时候客服必须要有耐心，切不可操之过急。要知道网络购物不能跟生活购物相比，因为顾客看不到东西，只有通过询问卖家才能知道，所以客服要设身处地为他们着想，要把事先应该让他们知道的都说明白了。

二、售中服务

当接到网上订花的订单后，店家一定要进行最后确认。

确认的方法有：

① 电话确认。

② 电子邮件确认。

③ 电商平台信息确认。

确认的内容如图9-15所示。

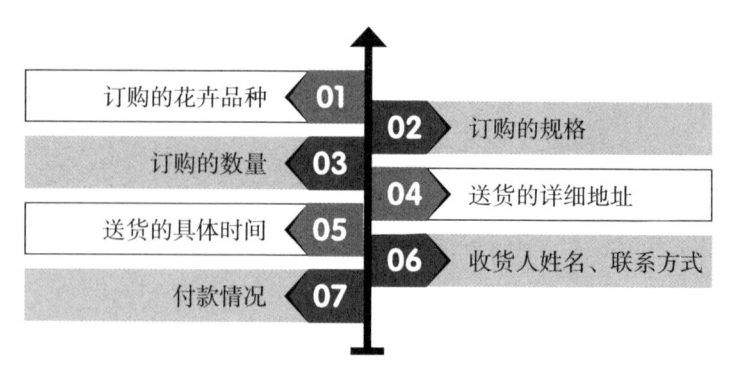

```
01 订购的花卉品种
02 订购的规格
03 订购的数量
04 送货的详细地址
05 送货的具体时间
06 收货人姓名、联系方式
07 付款情况
```

图9-15　网上订单的确认内容

三、送货服务

在网上开花店，一定要建立一支能够快速送货上门的服务队伍。根据市场调查，消费者选择一家网上花店订花的第一条理由就是能够完成他的送花要求。这充分证明同样的花卉、同样的价格，消费者选择你而非其他的网店，差别就在于服务。

1. 快递包装

鲜花快递的包装材料应该轻便、柔软、透气，并且能够承受快递运输过程中的压力。建议使用专业的鲜花快递包装箱，内置缓冲材料，以保护花朵不受碰撞和挤压。

在包装过程中，可以适当地在包装箱内设置一些通风口，以便花朵能够呼吸并保持新鲜。

> **温馨提示**
>
> 对于商家来说，鲜花快递的包装在保障安全运输的基础上，要尽可能地提升美观性和客户的开箱体验感，可根据店铺的粉丝群体去定制产品。

2. 送货时限

在快递运输过程中，要避免长时间运输，尽可能在短时间内将鲜花送达。此外，建议在运输过程中避免出现温度过高或过低的情况，以免对鲜花造成不良影响。

店主不要为了迎合顾客而不顾自己的服务实力，乱接服务业务。若接受超出自己送货能力的地区顾客的订货，造成延迟送货，或者根本没有能力送货上门，不仅耽误了顾客，更会影响花店的信誉。

四、售后服务

售后服务是整个交易过程的重点之一。售后服务和商品的质量、信誉同等重要，在某种程度上售后服务的重要性或许会超过信誉，因为有时信誉不见得是真实的，但是适时的售后服务却是无法作假的。

1. 订单信息确认

在顾客下单后，一定要主动向顾客再次确认订单信息，以避免顾客收货后发生不必要的纠纷。

2. 顾客在签收货物后，及时进行跟踪回访

客服及时对顾客跟踪回访，这会影响到顾客最终会给好评还是差评。在确认顾客签收货物时，有条件的店铺可以及时进行电话回访，询问顾客对货物是否满意，并表示欢迎他下次光临，记录下他的个人偏好、备注，节省下次接待时间。

售后跟踪回访不仅可以总结出店铺自身的不足，以便改进，还能进一步深化客服的服务理念，提高客服的接待效率。

3. 收到好评时及时回复

当顾客给了好评，客服一定要及时回复，表示对顾客光临店铺的感谢，以及对工作支持的感谢。语气亲切且有礼貌，是客服在做售后工作时必须要做到的。

4. 收到差评时摆正心态，诚恳道歉

当顾客给了差评，首先一定要端正自己的态度，千万不要通过电话、短信骚扰辱骂顾客和推卸自身责任；其次，要认真去了解顾客给差评的真正原因；最后，对差评原因进行分析，耐心解释，有质量问题需要退换货的尽量处理，与顾客预期不符的，道歉加解释并对他的购买表示感谢。

其实，要想做好售后服务并没想象中那么难，关键还是要客服在日常问题处理中学会耐心沟通和及时总结，让客户感受到良好的购物体验，这样他们就不会随意打出中差评。

相关链接

网店售后服务诀窍

1. 明确售后责任

作为销售方，卖家在商品的质量、物流配送等方面，应该对消费者的利益承担法定责任。一旦出现售后问题，卖家必须承担相应的责任。在制定售后政策时，应明确售后服务时间、售后服务质量等相关要求，以保障客户权益。

2. 建立健全售后服务体系

与实体店不同的是，网店的顾客无法直接感受到产品，容易产生误解。因此，建立健全的售后服务体系至关重要。店主需要主动与消费者联系，解决各类问题。在鲜花售出后，及时与顾客联系，了解鲜花的用后情况，准确了解顾客的问题，并尽量主动地解决问题，避免引起不必要的争议，影响商家的声誉。

3. 态度端正，换位思考

顾客收到不满意的鲜花，有火气是人之常情，一定要体谅安抚，千万不要火上浇油。良好的态度可以像一缕微风吹散顾客心中的愤怒，大事化小小事化了，说不定从此你还多了一个朋友，这个朋友会给你带来更多的潜在顾客。反之则会一个火星引起燎原之势，将你烧得"外焦里嫩"。

4. 处理及时减少等待

（1）及时处理售后。

最好是在顾客申请退款和维权之前就将顾客的不满意消除。店铺处理售后的原则是这样的：能售前客服处理的不转给售后客服，售后客服能处理的不转给主管，在第一时间将顾客的问题解决了。如果是解决不了的问题，在接收转接过来的顾客后不能让顾客不停复述问题，而是让顾客稍等片刻，自己去查看聊天记录。了解完后将顾客的问题复述给顾客，确认自己理解得是否正确，得到认可后第一时间将顾客的问题解决。

（2）及时跟踪售后。

有很多售后比如需要退换货的，可能当时不能立即解决，需要记录在备忘录里。每天跟进自己的备忘录，不要等顾客来找，而是主动联系顾客，顾客的不满定会随着你一点点的努力而消除。

（3）及时交接售后。

如果不是售后客服处理的，其他人员一定要及时将处理完成的事项，转接给售后客服做好记录交接。这样做，一是可以避免遗漏，二是可以将问题汇总，以便为店铺运营问题分析和总结提供有力的数据。

一旦发生了需要退款和维权的事，要第一时间解决，若事情得不到快速解决，顾客不但会对店铺失望，甚至会对整个网购过程丧失信心。

5. 承担责任让利顾客

出现售后问题可能并非卖家所愿，或者并不受自身控制。比如店家发货委托给合作的快递公司，丢了件并不是你的责任，但是顾客更没有责任。在这种情况下，一定不能让顾客承担责任，而要第一时间帮助顾客找件。找不到的话要第一时间给顾客补发，之后再和快递公司协商赔偿事宜，而不是先谈妥赔偿再去给顾客补发。在处理售后的时候一定要让顾客感受到诚意，这可能会降低店铺的运营成本。

6. 培养客服的专业性

客服除了用心服务顾客外，还要有极强的专业性，如此才能长期地留住顾客。

客服要熟知相关规定，以及自己店铺的规则，在客人购买前将特殊说明和顾客沟通清楚。一旦发生纠纷，要保持冷静，和顾客沟通的时候不要留下把柄，更不要和其发生冲突，保持理智和礼貌可以让顾客无机可乘。

7. 遵守相关法律法规，依法维权

在做好售后服务的同时，卖家也要学会依法维权，坚定维护自身的权益。当遇到恶意用户破坏店铺的声誉、盗图盗文等时，及时采取法律措施维权。

第十章

市场推广

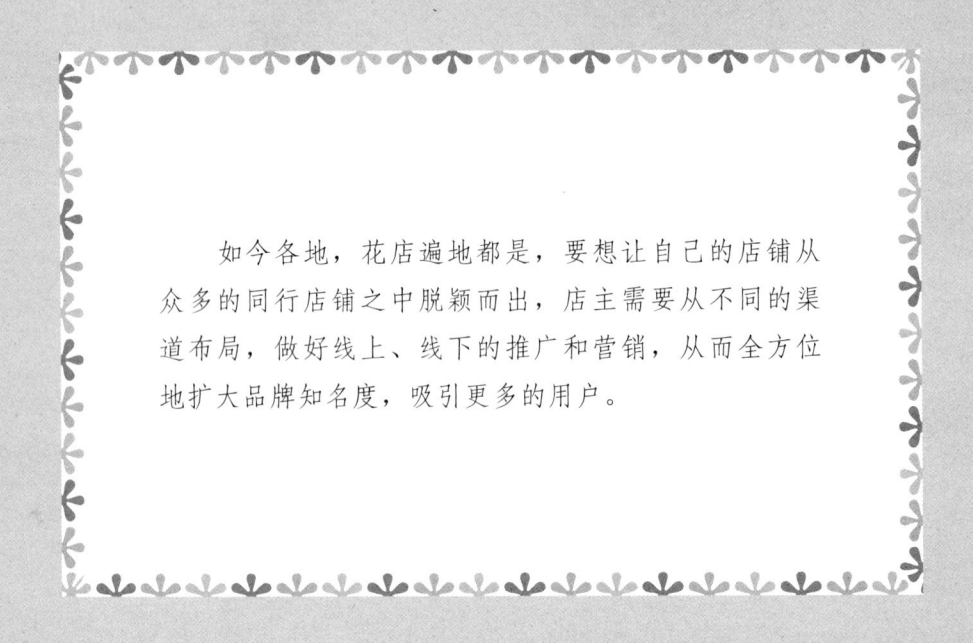

如今各地，花店遍地都是，要想让自己的店铺从众多的同行店铺之中脱颖而出，店主需要从不同的渠道布局，做好线上、线下的推广和营销，从而全方位地扩大品牌知名度，吸引更多的用户。

第一节
微信营销，增加顾客黏性

微信营销是网络经济时代企业和个人营销模式的一种，商家可通过提供用户需要的信息，推广自己的产品，从而实现点对点的营销。

一、微信营销的原则

店主利用微信营销时，要遵循如图10-1所示的原则。

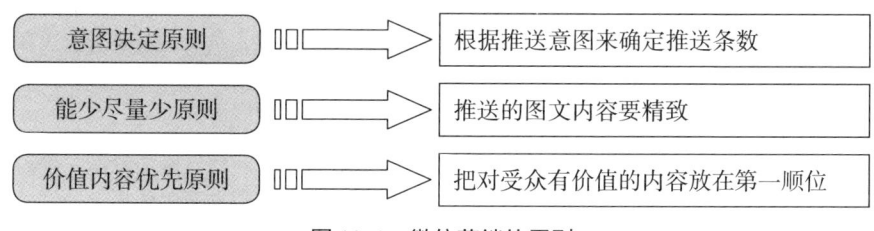

意图决定原则	根据推送意图来确定推送条数
能少尽量少原则	推送的图文内容要精致
价值内容优先原则	把对受众有价值的内容放在第一顺位

图 10-1　微信营销的原则

二、微信营销的步骤

通过微信扫一扫花店二维码，即可关注花店，完成订花、付款等一系列购买程序。这对于花店来说，非常方便快捷。那么，花店该如何做好微信营销呢？可参考如图10-2所示的步骤。

1. 吸引潜在用户成为会员
2. 引导会员到店消费
3. 服务老会员，唤醒沉睡会员

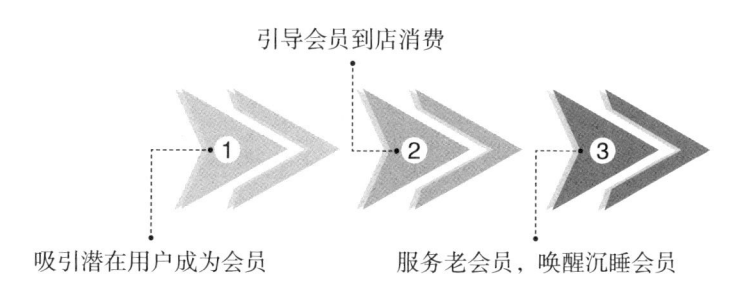

图 10-2　微信营销的步骤

1. 吸引潜在用户成为会员

吸引潜在用户成为会员有四种方式，如表10-1所示。

表10-1 吸引潜在用户成为会员的方式

序号	方式	具体说明
1	全员营销	花店可以要求所有员工申请自己的微信号，让员工在闲暇时间，通过微信寻找附近的人，说明来意并加好友（附近的人都是潜在客户）。通过聊天将花店的微信会员卡转发给他们，这样他们领取了会员卡可以看见花店的各种折扣，并且可以通过抽奖来获取更大的优惠，随之就会来店里消费。为了调动所有员工的积极性，可以设置相应的员工目标奖励
2	店内二维码投放	店内收银台或门口放置醒目的二维码展架，顾客进店或结账时，员工向顾客介绍扫二维码抽奖活动及优惠情况；店外窗户或墙壁上粘贴印有二维码的大海报，以吸引过往人群来扫二维码，从而发展新会员。注意：员工一定要主动让客户扫二维码，只要获取了客户信息，进行抽奖、领优惠券等互动营销，就会或多或少引导会员到店消费
3	网站悬挂二维码	针对网上订购鲜花产品的顾客，可以在网店悬挂二维码，扫码顾客可享受一定的优惠折扣，以此来吸引用户关注，成为会员
4	鲜花包装内或外附带二维码及logo介绍	在送出鲜花的包装外、包装内附带二维码贺卡，并鼓励用户扫码成为会员，成为会员后和商家核对个人信息可赠送抵用券等优惠券

2. 引导会员到店消费

持有微信会员卡的顾客消费享受了一定的折扣或优惠，可以鼓励其分享朋友圈以发展新会员。在结账登记消费记录时，店员提醒会员完善客户资料。花店可以引进一套客户关怀系统，依据商家的设定，定期发送关怀信息或优惠内容，刺激客户不断前来消费。

同时，对申请会员的顾客启用积分系统，会员积分达到一定程度可兑换部分商品或奖励，吸引用户多次在本店消费。

3. 服务老会员，唤醒沉睡会员

维护一个老会员的成本是发展一个新会员成本的1/9，调查显示49天没有来店消费的会员可视为沉睡会员，面临失去的危险，必须采取一定的手段来唤醒沉睡的会员。花店可针对这部分沉睡会员开展给予老用户购物返利等促销活动，以刺激其消费欲望。

三、微信营销的定位

花店实施微信营销的目的是通过微信平台实现消费者对自己店铺的认可，与消费者建立联系并促进其重复购买，最终创造更多的价值。花店实施微信营销应从内容入手，在做好定位的同时，选择好营销目标，确定好目标人群。

比如，礼品鲜花就可按用途、对象、节日等加以细分，如图10-3所示。

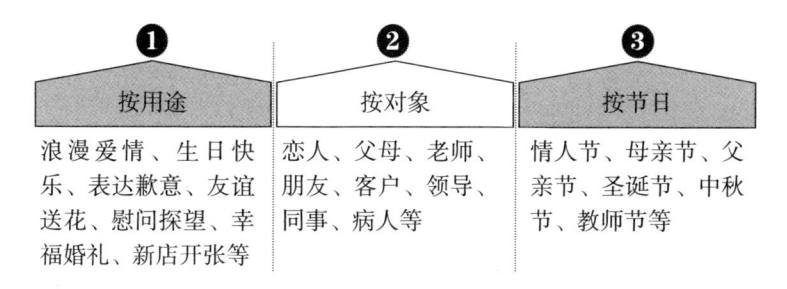

❶ 按用途	❷ 按对象	❸ 按节日
浪漫爱情、生日快乐、表达歉意、友谊送花、慰问探望、幸福婚礼、新店开张等	恋人、父母、老师、朋友、客户、领导、同事、病人等	情人节、母亲节、父亲节、圣诞节、中秋节、教师节等

图10-3 礼品鲜花的分类

这样，顾客就可以根据自己的需求选购鲜花。当顾客选购鲜花时，花店可贴心地提醒本次选购可以选择几种套餐，并配上图片、介绍、价格，让顾客自主完成选择，最终实现在线交易。

四、微信营销的内容

微信营销的内容可以是分享鲜花如何选购、如何保养的知识，或者通过让用户分享自己关于鲜花的故事，让看的人觉得你很亲近、真实，服务很及时、高效。

花店通过微信朋友圈、微信群通常每两三天发送一次有关花语、节日、礼仪等目标群体喜好、需要的实用信息，平常也可以开展一些有奖问答、趣味竞猜等活动。

比如，薰衣草的花语是等待爱情，如果暗恋某个女孩，自己又不好意思当面表达，送此花比较合适。

> **温馨提示**
>
> 内容一定要短小、精悍、实用，有创意和趣味性，发信息的频率不能太高，以免接收者厌烦，且发送次数少也节约了发布者的时间成本。

五、微信营销的技巧

店主在实施微信营销时，要掌握如图10-4所示的技巧。

```
强化品牌符号 ─────┐
                  ├── 做用户的朋友，态度不卑不亢
注意发朋友圈的频率 ┤
                  ├── 内容尽量多元化
提升图片质量 ─────┤
                  └── 内容要有刺激人转发的亮点
及时与顾客互动 ───┘
```

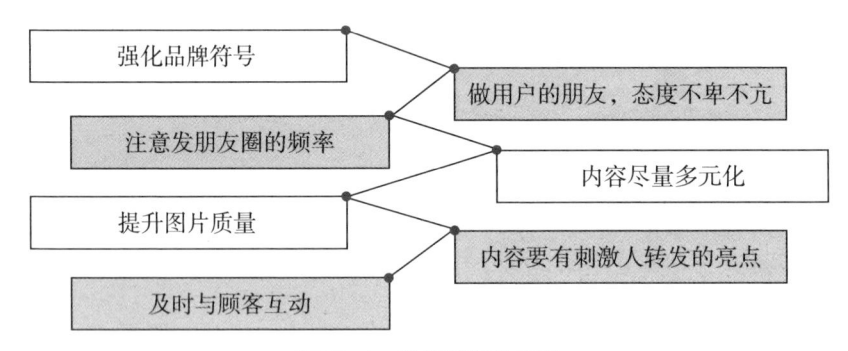

图10-4　微信营销的技巧

1. 强化品牌符号

品牌是商家和用户的关键纽带，也是商家最有价值的无形资产。所以应注意，每次推广的时候，要以一个比较恰当的方式展示品牌名字和符号。在一次一次地重复展示中，用户才会对你的品牌产生较强的印象，在真正需要鲜花的时候才会主动找上门。

2. 做用户的朋友，态度不卑不亢

在做营销推广的时候，态度上一定要注意不卑不亢。什么叫不卑不亢？就是确信我的品牌是受大家欢迎的，我是合法经营的，你买我的鲜花，我肯定会服务好；但是你不想买，我也不会无休止地向你推荐，或者降价委曲求全。一个真正能够做大的品牌，基本都有这样一种不卑不亢的态度。

3. 注意发朋友圈的频率

切忌高频发朋友圈。要知道，微信朋友圈是有屏蔽功能的。一次两次不理智的

行为,可能会让关注的人立即取关。另外,同样的产品请不要频繁发布。如果不得已要发布,也一定要在文案上做些变动,传达出一些新的信息。不要让用户产生你天天重复发朋友圈的印象。

总的来说,鲜花目前是一个非高频消费品,所以在非节日期间,应降低发朋友圈的频率,一周一次的频率完全可以保证用户不会忘记你。将空余的时间花在准备图片和文案上,一条精品信息远比七条劣质信息来得更有效。节日期间可以增加频率到一天一次,但是也需注意保证质量。

4. 内容尽量多元化

朋友圈发的内容应多元化,不要一成不变发产品照。鲜花本身是美好的象征,在网上搜集一些有关闲适生活、品位生活的照片和文字,加上自己品牌的烙印,发出来与大家分享;写写自己开花店的苦与乐,写写遇到的有意思的顾客的小故事,这都是非常有效的手段。

5. 提升图片质量

只有漂亮的鲜花才会有人要,大家买花也都是优先选择漂亮的。店主可以投资购买一套专业的摄影装备,把产品照片拍得上档次一些,让看的人更容易动心。这样,购买的人自然也就多了。这也是最划算的广告。

6. 内容要有刺激人转发的点

对于有微信公众号的花店,除了考虑粉丝的阅读感受之外,还需要考虑的是,如何刺激粉丝转发文章,以获取更多的阅读量和新粉丝。在这一点上,新手常犯的一个错误就是,沉醉于自己的文章,自认为文章写得好就能带来转发。请一定要站在粉丝的角度思考这个问题,粉丝转发这篇微信公众号文章的原动力是什么?其实很多人分享文章,都是希望可以借这篇文章向自己的朋友表明立场和品位。所以,在发文章的时候,记得要保证自己的文章被转发后不会掉价。做到这点,微信公众号的推广效果就会得到有效的提升。

> **温馨提示**
>
> 花店也可给用户一些甜头,偶尔搞一些转发有奖的活动,但是建议不要经常使用,这种大招最好留在节日期间。

7. 及时与顾客互动

花店在实施微信营销的时候，要及时与顾客互动，准确恰当地回答顾客的提问。微信商城也可以自动智能回复，卖家可以在系统自定义设置回复内容，当顾客首次关注您的商城时，可自动发送此消息给顾客。还可设置关键词回复，当顾客发送指定关键词的时候，系统将自动回复相应设置好的内容，让顾客第一时间收到想要的消息，增强与顾客之间交流的趣味性。

第二节 跨界合作，扩大市场份额

跨界合作是许多行业中常见的策略之一。通过与其他品牌或企业展开合作，共同推出独具特色的产品或服务，可扩大市场份额，提升品牌影响力。在花店领域跨界合作同样具有广阔的空间。

一、与婚庆公司合作

现在很多婚庆公司、婚纱影楼等，都开始为顾客提供婚车布置、婚礼布置等服务，但他们往往也需要把该业务外包出去。现在年轻人在结婚上都舍得花钱，而且对于花艺的布置越来越重视。整个婚礼前后环节，用到鲜花的有很多，如拍婚纱照的手捧花、迎亲时的花车、婚礼现场的花艺布置等。一对新人少则能消费千百块，多则几千块乃至上万的都有。

二、与房地产公司合作

花店也可以联系房地产开发商，在他们举办盛大开盘日或开放样板间的时候，将高档鲜花摆放进去，这点小钱对开发商而言，支出不大，但非常能突出样板间的档次，增加生活气息，给消费者勾勒出一幅美好的生活场景。

三、与酒店合作

酒店在承接一些重要会议时，需要摆放鲜花，这是刚需。也有酒店会给VIP客户的房间摆上鲜花。因此，花店可与酒店礼宾部取得联系，开拓销售渠道。

四、与电视台合作

因为电视台会有很多场景需要布置，有些也会需要用到鲜花。

五、与中高端服务型店铺合作

一些中高端的私人会所、美容院、餐饮店、咖啡店等，逢年过节要烘托一下气氛，需要用到中高端鲜花。

六、与汽车4S店合作

一个大点的4S店，每交付一辆车都会给顾客送一束花，而且节日、店庆也要做一些装饰布置，如果是豪华的汽车品牌，一些交车仪式也会布置鲜花和气球。这些场景的鲜花销量不小，渠道开拓得好，可以为花店增加不少收入。

七、与会展公司合作

为了营造高端气氛，会展公司会有中高端鲜花的刚需。

八、与保险类和银行类企业合作

保险公司和银行一般都会定期举办花艺沙龙，为其高净值客户群体做好客户维护和客户开发工作，花店如果把这个渠道开拓好了，一年做几十场沙龙也不算多。而且，银行的客户，也完全可以成为花店的优质客户。

九、与待开业的门店合作

每周扫主要商业街，发现正在装修的门店，只要够档次，就可以上门推销。店主开业之际，对价格不太敏感，主要是图吉利，中高端鲜花产品有市场。

十、与大型商场会员中心合作

大型商场都会有自己的会员中心系统,为顾客提供积分和兑换等诸多服务。花店可以开拓这个渠道,把自己的鲜花产品放入积分兑换的目录中,这在一些节日期间效果十分好,例如情人节、母亲节、七夕节等,可能会给花店带来惊喜。

第三节 节日促销,提升店铺人气

一般来说,花店平时都是为了维持生存,而真正赚钱的时机还得靠节日。鲜花店可以借助各种节日来搞一些促销活动,这样既提高了销售额又招揽了许多新顾客。

一、提前做好准备

节日都是受人们重视的,而在节日送花也就成为很多人的选择。在节日到来之前,花店需要做大量的准备工作,如设计新包装、进新花材等,以增加新的卖点。如果这些新的内容等到节日当天才推出,消费者会较难迅速接受。

因此,在节日前的一段时间内,就要为这些产品做大量的宣传工作。

比如,做出一些样品陈列在花店中,向客人展示;或把其拍成照片,寄送给老客户;也可以做成宣传画,张贴在店前,以吸引顾客。这些都是简单的宣传工作,但对节日里的销售会有很大的帮助。

> **温馨提示**
>
> 节日前多做些宣传,让消费者知道你的花店,了解你的商品,这对提高花店的销售业绩会大有帮助。

二、做好店面布置

除了宣传店中的商品,节日前夕店面布置也很重要,好的店面可以达到宣传花店的目的。

比如，有的花店在春节的时候，会把花店精心装扮起来，挂上红灯笼。门前的花架上摆上应季的年花以及节日礼篮，最为醒目的是在店前悬挂的条幅："带鲜花回家，把繁忙放下"。只有简短的10个字却充满了人情味，让人不由自主地走进店中。

三、抓住节日商机

机会总是留给那些有准备的人。虽说现在的节日名目越来越多，但如果不善加利用，就会失去大好商机。店主可参考如表10-2所示的节日营销日历来做好店铺的备货。

表10-2 节日营销日历

节日	营销关键词	花店备货攻略
情人节	浪漫、爱情	玫瑰等情人节系列产品
妇女节	女神、女士	女神花盒、企业团单
清明节	纪念、缅怀	拜祭花束、花篮等
劳动节	出行、旅游	野餐花束、郊游花篮
护士节	白衣天使、奉献	混搭小花束、花篮
母亲节	母爱祝福	康乃馨等系列产品
520	表白、攻略	告白花束、情人节花束
高考/毕业季	金榜题名、祝福	向日葵等毕业季系列产品
父亲节	父爱祝福	男士花束、礼盒等
端午节	传统节日	绣球花、菖蒲叶、银莲花等
七夕节	爱情、表白	玫瑰等情人节系列产品
教师节	尊师、感恩	康乃馨、百合、向日葵
中秋节	团圆、送礼	月饼花盒、红橙色系产品
国庆节/婚礼季	婚礼旺季	手捧花、花篮等
万圣节	狂欢、礼物	糖果、橙黄暗黑花束、南瓜
光棍节	表白、送礼	玫瑰表白系列产品
感恩节	感恩、祝福	混搭花束、花盒
平安夜	平安、祝福	苹果花束、花盒
圣诞节	圣诞、礼物	圣诞树、花环等
跨年夜	跨年、祝福	玫瑰、新年风格花束

> **温馨提示**
>
> 促销的初衷是获得顾客的青睐,积攒人气,同时刺激销售。花店切记不能因为做活动而降低服务质量和鲜花质量,否则会适得其反。

相关链接

花店如何备战七夕

1. 做好规划

(1) 提前备货,尤其是各种主花材的备货一定要充足,但凡七夕,玫瑰花一定是市场消费的主流,红玫瑰是订购数量最多的品种,其次是粉玫瑰、蓝色妖姬、粉色百合等。

(2) 为防止漏单,花店接单后一定要提前打印好订单信息,仔细核对地址、花材、收花人信息、备注要求以及贺卡信息,严格按照下单方要求制作花束。有数据证明,提前打印好订单信息的花店,售后投诉率远低于行业平均水平。

(3) 物资的调配一定要规划好,比如准备几辆配送车,谁负责查看订单,谁负责包花,谁负责配送,都要提前做好规划,避免由各种突发事件导致漏单的情况发生。

(4) 七夕期间一定很忙,但是服务态度也要注意有保证,尤其是将花送到收花人手中那一刻,要说些温馨的祝福话语,送上诚挚的微笑,因为收花人的满意度将直接决定订单是否有售后问题。

2. 把握细节

(1) 凡是在订单打印单上将收花人电话加粗,并准备1个备用电话及以上的,售后投诉率可降低一半。

(2) 上传花图的功能已得到广大花店和经销商的一致好评,可极大程度降低经销商与花店的沟通成本;对于花店来说,将制作好的花束放在一起拍照也用不了多少时间,如果图片上传错误,不要着急,再次上传就可以了。

(3) 有些店铺的花款结算周期是以花店点击确认送达的时间开始记录

的，花店一定要检查订单送达之后是否已点击"确认送达"，以便于货款及时结算到账。

（4）遇事保持冷静，如遇上无法处理的情况（如联系不到下单方或是与下单方发生纠纷），需及时保存好相关证据（如聊天记录、通话记录、包扎花图等）。

第四节 赠品促销，招徕顾客进店

赠送礼品是商家常用的促销手段，作为一个刚刚起步的鲜花店也可以进行赠品促销。赠品的方式很多，但要因人而异、因花而异、因事而异，下面介绍几种常见的赠品。

一、代金券

顾客在购买花卉时达到一定金额可获得一定面值的代金券。代金券的面值可根据顾客购买花卉金额的多少而定。这样在顾客下次来花店购花时就可以用代金券抵值，顾客大都比较喜欢这种代金券形式。

二、花瓶

在顾客大量购买花卉，如大型宴会用花、商场开业用花时，可以赠送顾客花瓶或花篮，以增进顾客与鲜花店的感情。

三、花卉

有的顾客喜欢买成束的单一鲜切花放在家里瓶插。这时可加送顾客几枝鲜切花。

四、花卡

每逢母亲节、新年、情人节等节日，鲜花店要提前印制或批发一些花卡，如新年快乐、一生相伴等。当顾客购买节日花卉时，赠送给顾客一张花卡以表祝福，顾客一定会非常开心的。

五、包装纸和彩带

在顾客购买一束鲜切花时，送给顾客一张包装纸或一条别致的彩带，都能表达花店的一份心意，顾客也会为之感动的。

六、小饰物

赠送顾客小饰物也是一种好的方式，如同心结、手机链等。年轻情侣在鲜花店购买花卉时可赠予一对，以示祝福。

> **温馨提示**
>
> 赠品的种类五花八门，但主要意义在于促进花卉销售、招揽顾客，增进顾客与鲜花店的感情。

▶ 案例

××花店赠品促销策略大获成功

××花店位于城市的繁华商业街区，周围环绕着多个居民小区和办公楼。随着春季的到来，花卉市场迎来了销售旺季。为了吸引更多顾客，提升店铺销量，××花店决定开展一次以发放赠品为核心的促销活动。

1. 精心挑选赠品

××花店深知赠品的质量好坏直接关系到促销活动的成败。因此，花店精心挑选了一系列实用且受欢迎的赠品，如精美的花瓶、园艺小工具（如小铲子、喷壶）、花卉养护手册以及花店定制的环保购物袋等。这些赠品不仅与花卉销售紧密相关，而且能够提升顾客的购物体验。

2. 设置吸引人的促销方案

为了吸引更多顾客参与，××花店设计了多种促销方案。例如，顾客在店内单笔消费满一定金额（如200元）即可获赠精美花瓶一个；购买特定花卉套餐的顾客，除了享受价格优惠外，还将获得园艺小工具套装一份；关注花店微信公众号并转发促销信息的顾客，则可以领取花卉养护手册一本及环保购物袋一个。

3. 营造浓厚的促销氛围

在促销活动期间，××花店对店铺进行了精心布置，营造出浓厚的促销氛围。店内张贴了醒目的促销海报，设置了精美的赠品展示区，并播放着轻松愉快的音乐。此外，店员们也穿着统一的促销服装，面带微笑地为顾客提供热情周到的服务。

4. 线上线下联动推广

为了扩大促销活动的影响力，××花店还充分利用线上线下资源进行联动推广。在线上方面，花店通过微信公众号、微博、抖音等社交平台发布促销信息，吸引粉丝关注和转发；同时，还与当地的生活服务平台合作，推出线上优惠券和团购活动。在线下方面，花店则与周边的商家合作，联合举办促销活动，相互引流。

通过采用赠品促销策略，××花店取得了显著的成果：

（1）销量大幅增长：促销活动期间，花店的销量较平时增长了近50%，部分热门花卉甚至出现了断货的情况。

（2）顾客满意度提升：顾客对赠品的质量和促销方案给予了高度评价，纷纷表示这次购物体验非常愉快。许多顾客还成了花店的忠实顾客，并表示会再次光顾。

（3）品牌影响力增强：通过线上线下联动推广，××花店的品牌知名度得到了显著提升。许多原本对花店不太了解的顾客也被吸引过来，成了新的潜在顾客。

第五节 推陈出新，维持淡季流量

夏天是销售淡季，鲜花损耗率增加，很多花店的业务会有所减少，那么该如何推陈出新，增加花店的营业额呢？

一、打特价策略

进入夏天，为了保持店内流量活跃，许多花店纷纷以"9块9特价鲜花"策略吸引顾客，以维持淡季流量。价格降到极致，吸引顾客到店，可以促进店内其他商品的销售。

电商时代，线上交易的力量有目共睹，"9块9特价鲜花"的花束，由于花材量小、包装简单，配送压力比其他花束小很多，在外卖和直播平台上销售的可行性非常高。

但"9块9特价鲜花"营销的终点绝不是客户钱款到账，而是这场活动在社交平台上为花店带来的包括口碑、流量等在内的各种效益到账。

相关链接

特价鲜花的作用

1. 引流

特价引流产品必须具备产品性价比高的特点，但引流产品对花店来说却有很多选择，而许多花店老板选择的策略，就是"9块9特价鲜花"。价格降到极致，吸引顾客到店，可以促进店内其他商品的销售。

"9块9特价鲜花"如能做到保质保量，对积累顾客口碑、增加复购率有好的效果。从顾客消费心理来看，9.9元的价格，大大降低了用户下单的决策成本。

曾有花店提前准备了100多个用进口满天星干花做成的小花束，在影院开展了"加微信好友支付一元换购厄瓜多尔满天星花束"的活动，反响和效果俱佳。

这个活动设置了两个门槛，一是"加微信好友"，二是"支付一元"。花束全部换购完后，该花店收获了相应数量的流量，且受付费门槛的限制，活动吸引来的这部分流量都是对鲜花有一定好感的客户。

经过花店的测试，三个月之后，这部分人非但没有删除店家微信，而且在店内有所消费，无疑，这是一场成功的活动。

能促使顾客增加对鲜花尝鲜的付出，如果后续产品质量也有所保证，就能带给顾客物超所值的体验，这对花店引流有直接的好处。

2. 增加客户黏性

低价引来流量，质量取得认同，流量给花店带来精准客户。"9块9特价鲜花"自身的特性决定了其很难成为花店的主打产品，因此它的最终目的不在于盈利。

也就是说，"9块9特价鲜花"的重大意义在于培养，一是培养花店的精准客户，二是培养客户的用花习惯，从而形成相对稳定的鲜花需求量。

稳定的日常购花群体对只能靠节日"吃饭"的花店是非常难得的资源。

3. 促进花材流通

鲜花保鲜期短暂，不能长时间停放在店内。单件9.9元的鲜花产品利润不高，但销售量大，可以减少花店的库存，增加花材流转率，形成良性循环。这样，即使在淡季，花店也可以保持花材的新鲜，有效避免了因销售滞怠带来的花材浪费和损失。

二、开展鲜花包月业务

这种鲜花包月服务，目前已逐渐走进白领的日常生活。现在鲜花的消费群体集中在"80后"和"90后"，而且，他们喜爱的鲜花也偏向小清新风格。这样的鲜花包月服务能让顾客用最优惠的价格，享受到小资生活，能够刺激花店淡季的销售，同时也可以提升花店在顾客心中的口碑。

温州有家鲜花连锁机构下的花店，门店多，营业面积又大，淡季到来似乎格外难熬。于是花店的总经理利用自己在供货、人员配送方面的优势，推出了包月服务，使经营变得柳暗花明。

原来这家花店有个客户中心，平时保留了大量的客户档案，将那些送花率和收花率都比较高的顾客筛选出来，确定为目标客户群。为了不显得冒昧，员工先以收集意见和建议为由给他们打电话，如果聊得很顺利，就会接着询问对方夏季是否有鲜花消费的打算。当得到肯定的答复后，客户中心的人员就会登门拜访，拿出一张夏季包月送花的目录表，上面有两百元、三百元、五百元等不同的消费档次，每个档次又有多种鲜花组合。顾客选中哪个，花店就会每周上门送一次花。温州人消费水平较高，生活又比较忙碌，"省心式"消费本身就受欢迎，何况花店是有目的地出击。接受包月送花的顾客在短短半个月内就有30多位，这使花店刚进入淡季就有了一笔不小的固定收入。

三、多渠道促进销售

尝试通过线上和线下的商店合作发放代金券，可以实现互惠互利。虽然大部分人没有鲜花消费的习惯，但会觉得这次既然有优惠，何不尝试一下。长此以往，代金券可以带给花店一笔不小的销售额。

新疆有家花店的经理眼看生意一天天淡下去，心里很着急。所幸自己平时交友广泛，包括开美容院的、开火锅店的……于是，她召集大家凑在一起讨论，最后干脆优势互补，互相推荐客户。每个人都印了一些能在自己店里消费30元到50元不等的代金券，然后互相交换，分别将别人店里的代金券发放给自己的客户。这样一来，每个人的潜在客户不就多起来了吗？对于这家花店来说，这个办法挺管用的。有时她接到了大的订单，一看恰恰就是那些拿到了代金券的消费者，就这样，花店整个夏季的销售额明显上升许多。

四、多元化经营

单纯靠鲜花经营，对付淡季势单力薄，花店应该实行多元化经营才能实现利润的最大化。

比如，开在学校附近的鲜花店，可以兼营文具和女生喜欢的小饰品；开在医院旁边的鲜花店，可以兼营水果和副食；开在社区附近的鲜花店，则可以兼营副食和烟酒零售等。

五、提升顾客体验

不管来店里的顾客买不买花束，你都要让顾客在你这里有所收获，比如传授顾客一些鲜花绿植的养护技巧等。

六、花束拍卖

山东一家花店开在某大型超市地下一层新开的花卉市场内，超市人气足，花店也沾了光。花店利用淡季花价低的特点，特意做了一些成本只有十几元的小花束，拿到超市前面的广场上拍卖。"花束拍卖1元起价！"这样的吆喝声每次都吸引好多人围观。"10元！""20元！""30元！"有许多消费者本来就对鲜花认识不足，没想到鲜花能这么便宜，一下就来了兴趣，大家争抢起来还挺热闹。有时候包扎好的花束一会儿就拍卖完了，花店干脆把一扎一扎的"原装"花材也补上去。连续两个周末都举办了拍卖会，花店每天的进账有好几千元。

七、巧妙利用送花员来做推销

送花员是花店与顾客交流的一个重要窗口，通过送花员对顾客进行再次推销会事半功倍。店主可把送花员组织起来进行营销专业知识培训，指导他们在送花任务完成后，怎样与顾客多交流，怎样巧妙地展现自己的鲜花护理与花艺知识，怎样向顾客传递店里的促销信息。

> **温馨提示**
>
> 一个简单的推销意识，一些细小的推销技巧，能实实在在地帮助花店赢得淡季的回头客生意。

第六节 直播带货，创新购物体验

鲜花行业一直以来都是充满浪漫和温馨的代表，将美丽的花朵作为情感的载体。传统的购花方式限制了消费者对花卉的颜色、触感和香气等细节的感知。而鲜花短视频直播则能够打破这种限制，为消费者带来更真实、更直观的购物体验。

一、直播平台的选择

首先，选择一个合适的直播平台至关重要。目前市场上主流的直播平台有很多，如快手、抖音、微博、视频号等，每个平台都有自己的用户群体和特点。在选择直播平台时，花店需要根据自己的定位和目标受众来进行权衡和选择。

如果你的花店的目标受众主要是年轻人，那么快手和抖音可能是更好的选择；

如果你的花店的目标受众是商务人士和中老年人，那么微博和某些电商直播平台可能更适合。

无论选择哪个平台，都需要考虑到平台的用户规模、用户行为特点以及付费推广价格和合作资源等因素。

二、花束展示和包装

在直播活动中，花束的展示和包装非常重要。一束美丽的花束可以引起消费者的好感，增加其购买的欲望。为了使花束的展示效果更好，可以采用一些技巧。

首先，选择适合直播的花束款式。不同节日有不同的主题和氛围，花束的款式需要与之相符。

比如，情人节可以选择浪漫的玫瑰花束，母亲节可以选择温馨的康乃馨花束。

其次，花束的包装要精致美观，可以添加一些装饰物、丝带等，以增加节日氛围。

此外，花束的摆放和展示角度也需要注意。将花束放在合适的位置，搭配合适的背景，可以让花束更加动人。拍摄时可以从不同的角度和距离进行拍摄，展示花束的细节和美感。

三、直播内容规划

直播内容的规划是直播活动成功的关键之一。在直播中，内容要有足够的吸引力，才能吸引更多的观众和潜在买家。具体做法可参考如图10-5所示的几点。

1	邀请花艺师或专业主持人进行直播。花艺师可以分享一些关于花束的知识和故事，促进观众学习，增加娱乐性。而专业主持人可以带来更加流畅和生动的节目效果，增强观众的参与感
2	邀请一些明星或网红进行合作。明星或网红的加入可以吸引更多的粉丝和关注，增加直播的曝光量。可以让观众与明星或网红进行互动，让观众参与其中，刺激其冲动购买
3	组织一些有趣的互动环节，如抽奖、问答等。这些互动环节可以增强观众的参与感，提高直播的互动性

图10-5　直播内容规划

四、直播带货推广策略

为了提高直播活动的影响力和销售量，花店需要制定一些有效的直播带货推广策略。具体可参考如图10-6所示的几点。

通过社交媒体进行预热

在做直播活动之前，可以在社交媒体上发布一些相关的内容和预告，引起观众的兴趣和关注；也可以发布一些花束的照片、视频或故事，让观众提前了解和期待

通过合作推广增加曝光量

可以与一些有关开展节日庆祝活动的机构、品牌合作，通过共同推广带来更多的曝光和关注；也可以与其他直播播主合作，互相推荐和宣传，扩大观众范围

提供一些优惠和特殊服务

比如，可以设立限时抢购活动、优惠券等，吸引观众参与和购买；也可以提供免费配送、贴心服务等，以增加购买的便利性

图 10-6　直播带货推广策略

五、活动效果评估

每一场直播活动结束后，花店需要对活动效果进行评估和总结。通过评估总结，可以发现活动中存在的问题和不足，为下一次直播活动做准备。具体措施如图10-7所示。

通过观众的反馈来评估活动效果

观众的反馈可以通过直播平台的评论、点赞和转发等指标来衡量；也可以根据观众的反馈来判断活动的受欢迎程度和需改进之处

通过销售情况来评估活动效果

可以统计花束的销售量和销售额，比较活动前后的差异，评估活动对销售的影响

图 10-7　活动效果评估的措施

> **温馨提示**
>
> 通过活动效果评估，可以不断改进和提升活动的效果，为未来的直播活动提供借鉴和参考。

▶ 案例

花艺商家"双十一"在抖音上实现破圈增长

1. 激发"好商品"爆发潜力，锁定优质源头鲜花供给

好的货品是直接驱动鲜花绿植商家生意跑起来的"飞轮"，而爆品是生意增长的保证，也是让更多消费者关注、喜爱鲜花绿植的关键。

"双十一"大促启动后，不少商家以具有优势的价格为基础，频频打造出"爆款商品""热销产品"。

比如，鲜绿仙品牌主打差异化货品，如针对栀子花植物开发独特设计的花盆，保证美观的同时也让植物更好养活，并充分发挥供应链的优势，做到24小时发货，客服服务做到最优，售后第一时间处理，一方面贴近大众购买、情感需求，另一方面打造差异化爆品获得大众广泛的关注。活动期间成交订单数量较前一年同期增长20%，成交人数同比增长29%，品牌GMV（商品交易总额）超250万元，同比增长30%。

又如，云舍花卉打出"前置准备'双十一'货品+合理设置库存深度"的组合拳，优先保证货品供给，满足用户的个性化需求。此外，还在直播场次的货品安排、交付准备、客服储备、物流协调等各个流程全方位发力，致力于给用户带来更好的消费体验。其中，佛手柑、百合、绣球、单品玫瑰等爆款商品深受用户喜爱。活动期间，该品牌成交订单量稳定攀升，比七夕大促增长45%。

为了让花材保持新鲜、迅速到货，不少鲜花园艺商家以自身实力为依托，锁定源头供给。比如球朵朵不仅提前规划了"双十一"产品，深度优化货盘，为爆品提前做好预测，也同步强化对鲜花绿植原产地的挖掘、源头供给能力，供应链端做好配合，增加人员配置，确保发货效率。活动期间成交订单数量环比增长92.7%，成交人数同比增长85%，其中爆款商品订单蜡封朱顶红增长87.43%。

与此同时，大促期间新品的发布，往往也是品牌"破圈"的机遇所在。比如，MUMUHOME选择抓住"双十一"期间的强消费心智主推新品，并结合多元人群定位，采取分层、分级、差异化供给优势货品的形式，同步优化商品卖点、标题等相关内容，确保24小时内及时发货，让每一份产品都能以最好的状态送到消费者手里，令品牌爆发得以落地。活动期间成交订单数量较往年同期增长53.5%，成交人数同比增长52%。

2. 搭建内容种草矩阵，短直双开精准实现"用户捕捉"

借助短视频、直播等多元内容玩法，越来越多的鲜花绿植商品在抖音电商打开销路。从诸多商家案例中可以看出，抖音电商为商家提供了充沛的内容创作土壤，利于商家构建内容矩阵，以创意内容唤醒用户消费兴趣。同时，在"双十一"流量的加持下，产品更容易精准触达目标用户，实现销量爆发。

比如，南风绿植在大促期间对产品亮点进行全面、精准地提炼，重点抓取产品核心卖点，并打磨出有创意、有新意的优质短视频，用美好内容与消费者进行高质量沟通，无形中将产品力在用户那里达成强认知。同时，也格外重视直播间运营，例如搭建专业的直播团队，增加直播间的吸引力，延长直播时间，持续输出强势占领用户心智，进一步促成种草转化。活动期间成交订单数量较同期大促增长165%，整体支付GMV近千万元，为品牌带来可观的实际转化。

又如，浪漫满屋花坊在前置完成选品和搜索测试的基础上，将直播间、短视频的玩法贯穿整个活动周期，实现了大促期间用户心智的深化与销售的爆发。一方面用直播间实现人群积累，固定开播周期吸引用户关注，另一方面以大量短视频付费内容投放供给为依托，增加搜索的曝光度，三频共振打爆生意转化。大促期间，粉丝增长率环比增长190%，订单量环比增长210%，GMV突破1000万元。

3. 深度挖掘大促资源，玩转货架运营实现高效转化

抖音商城作为一个稳定的中心化交易场，是呈现商品的"货架"，既方便用户快速获取产品信息，推动其做出购买决策，又是电商活动的承接阵地，提供丰富的资源点位，助力鲜花园艺商家生意大爆发。

在活动期间，一些品牌以货架场"抖音店铺"为依托，深入参与"双十一"官方活动，有效拉动老客户复购；同时，以"提升店铺基建+转化路径"的形式，强化用户心智，让用户更容易在商城内完成交易。

比如，海蒂的花园参加官方满减活动，以优惠的价格吸引用户购买，在保证商品品质的同时，提高性价比，并结合"内容创作+店铺承接转化"模式，持续不断创造优质图文、短视频内容，缩短转化路径，引流到直播间商城。活动期间成交订单数量较前一年同期增长729%，成交人数同比增长522%，品牌GMV超300万元，同比增长5倍。

又如，花点时间旗舰店充分发挥了内容和货架运营优势，一是推出多款有设计感、治愈感的鲜花与植物组合，提升用户收货和养护体验，并配合短视频种草，用兴趣引发购买，形成高效转化；二是根据时令和抖音热词进行货品储备，周周上新并同步在商城场景做好曝光展现；三是强化人力支持，拉长直播时间，全天候为用户进行好物推荐，通过商城定制货盘承接转化等方式，开拓出生意增量场景，在抖音商城实现迅速爆发。

第七节 线上推广，引流潜在客户

花店要想在竞争激烈的市场中脱颖而出，不仅需要优质的商品和服务，还需巧妙地进行推广运营。如今随着线上渠道的打通，鲜花店也要不断转型，尝试在线上做引流营销。

一、地图导航平台推广

店主可在百度地图、高德地图、谷歌地图、腾讯地图、搜狗地图、360地图等地图导航平台上面登记自己的店面信息，附上一些描述介绍。这样顾客需要购买鲜花时，打开地图导航平台就能搜索到周边花店的信息。

二、支付宝口碑商城推广

店主可入驻支付宝口碑商城，如图10-8所示。通过支付宝的移动支付和节日活动、节日营销等方式，为商铺带来客流，从而增加收入，并留住大量的优质客户资源。

图 10-8　支付宝口碑商城界面截图

三、同城社区平台推广

在58同城、赶集网、百姓网等同城平台免费发布信息，免费刷新是有次数限制的（修改消息后再发布相当于免费刷新）。可以选择花钱置顶或者精准推广，如图10-9所示。

图 10-9　58同城网站界面截图

227

四、鲜花转单平台推广

店主可加入转单平台，接收同行或者网上商城发布的订单，可以使用花娃、转单宝、跳舞兰和花集网等平台进行推广。虽然接转单的价格低一些，但是也会有一些利润。

五、网上商城推广

店主可以和中礼网、花礼网等相对有实力的网上商城合作，免费加盟，接收鲜花订单。

六、社交平台推广

店主可以通过QQ、微博、小红书、唱吧、快手、抖音等手机社交平台来宣传自己的花店。只要有人看的地方，就可以留下门店的痕迹。如果粉丝足够多的话，效果也是惊人的。

七、百度百家号推广

百度百家号在百度搜索中的权重非常高，关键词排名最快几分钟就可以排到百度首页，这也是做搜索推广的一种方式。

店主可通过注册企业百家号，定期发送"鲜花"相关的服务信息，让顾客在搜索关键词时，直接通过百家号找到鲜花店。

八、搜索引擎推广

对于很多需要鲜花的顾客来说，也许会直接通过搜索引擎寻找本地的鲜花商户或者上门服务。通过在百度、搜狗等搜索引擎上投放搜索广告，顾客在搜索关键词时，就能轻易看到花店的信息，进而联系订购。

第八节
营销闭环，线上线下结合

现今线上线下融合，已然成为花店经营的重要趋势之一。通过线上平台和线下实体店的融合，花店可以更好地满足顾客的需求和提高服务质量，进而扩大品牌知名度和市场份额。

一、打造朋友圈个人IP

花店有一部分顾客是从实体店里导到线上的，但是还有一部分顾客是从别的渠道进来的，建议店主不要在朋友圈直接打很多广告。

以朋友圈为例，某花店老板是用"第××封情书"来为自己的花店包装的，给自己树立的人设是爱好花艺并努力带娃的妈妈。没事时还会在朋友圈上传一些孩子和自己的生活状态图，这样的账号更真实，还能引起很多人的共鸣，如图10-10所示。

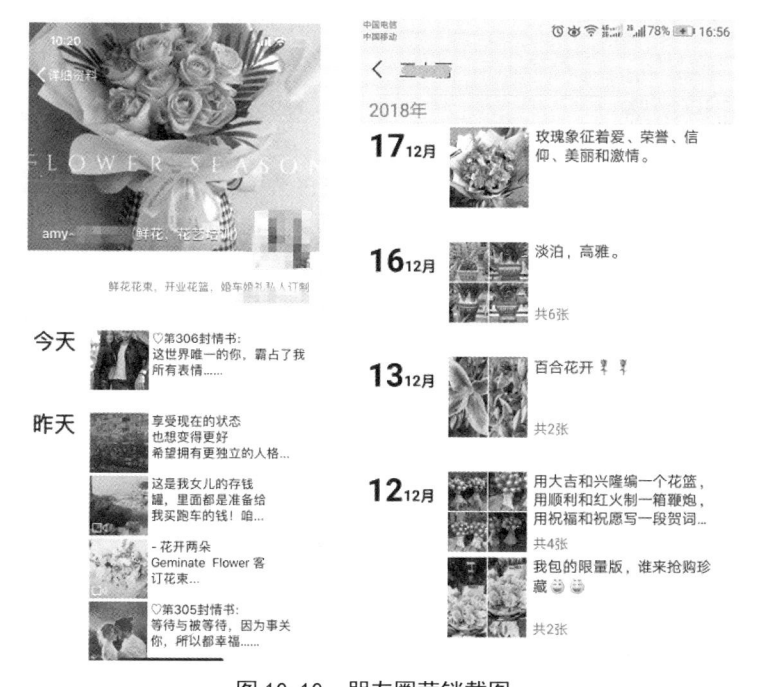

图 10-10 朋友圈营销截图

当然，在淡季的时候，店家还可以针对朋友圈中的客户做一些促销特价活动，尤其鲜花是一个高消耗的消费品，及时清理掉存货非常必要。

二、建立社群

花店可以建立一些鲜花养护分享、花艺体验、家居插花社群等，邀请顾客加入，并维持活跃度，以增强顾客和你的链接。

平时多分享一些关于插花或者护理阳台植被的小知识。每逢节假日快到来的时候，多发拼团的消息。发了拼团的消息后，再发个红包活跃一下气氛，感兴趣的朋友抢了红包，可能也会为了优惠而拼团。

三、与电商商家合作

店主可以向用户们推荐一些养花的器具，比如适合摆放在客厅或者办公室的花架、花盆等。这些花架、花盆在网上不仅有价格优势，而且款式多样，店主可以和一些靠谱的电商商家合作。

很多顾客反映，自己的园艺器械都是从网上购买的，因为实体店做不到线上的价格。所以说当你的用户群体够大后，不妨找一些电商商家洽谈一下合作。

四、知识付费

打造好个人IP后，店主就可以做一些知识付费了。比如说开几个付费群，专门培训客户怎么插花、怎么培育鲜花，或者说怎么打造自己的朋友圈。如果觉得建群麻烦，也可专门出售自己在花艺或者园艺方面的小知识等。

五、从实体店引流

这个方法做线上鲜花店的应该都有用到。

以ROSEONLY和听花为例，在2017年情人节期间，二者都选择了在微信公众号发布为线下店铺引流的文章。听花表示，错过线上订花的用户可到线下销售点购买，更方便和直接。ROSEONLY则表示，若线上的鲜花礼盒售罄，用户到线下专卖店或许有机会买到，同时大部分商品支持官网下单，专卖店自提。如图10-11所示。

图 10-11　ROSEONLY 和听花营销截图

事实上，由于鲜花受湿度、阳光、空气等条件的影响，网购较易出现货不对板的情况，使用"线上下单，专卖店自提"的方式可在一定程度上避免这种情况的出现。

鲜花实体店的优势仍非常突出，一是价格相对较低，二是到实体店挑选比看图片下单更显情意。因此，现在不仅是线下花店布局线上，线上花店也同样在布局线下。

六、通过用户裂变

很多宝妈或者女白领都对园艺很感兴趣，店家和她们熟络之后，可以让她们引荐别人入群。进群后，先从教大家一些园艺知识开始，然后再逐渐软性推广自己的业务。很多行业都与园艺鲜花很搭。

> **温馨提示**
>
> 有一些顾客觉得花店的花和绿植不错，也会为你介绍不少新的顾客来，所以维护好顾客很重要。

七、地推

地推是指利用发传单、小礼品等方式直接邀请路人，是门店常用的一种推广方式，虽然方式比较陈旧，但效果依然显著。不过以地推方式进行的推广，传单和小礼品的设计会直接影响路人进店的转换率。因此，花店在派发传单时，可以用精致的小明信片或者小卡片等，毕竟用传统的传单大家都看腻了，而且花店本来就应该更文艺和小清新一些。

> **相关链接**
>
> ### 提高地推拉新效果的技巧
>
> **1. 找准地推拉新的目标人群**
>
> 找准地推拉新的目标人群是提高地推拉新效果的重要因素，通过分析地推拉新产品的特点，从而确定目标用户以及后续的拓客方式。
>
> 找准地推拉新的目标人群也可以帮助门店有效地控制地推成本。
>
> **2. 选对地推拉新的时间**
>
> 在地推拉新时间的选择上，要尽量选择目标人群比较空闲的时间，一般是午饭后、下班后以及周末的时间，这时候去和顾客沟通会比较容易一些。
>
> 比如：
>
> （1）在一些大型商场、超市地推，应选择周末人流量比较大的时候，曝光效果好。
>
> （2）在学校门口地推，应选择快放学这段时间，家长在学校门口等孩子的时间一定要利用好，因为孩子出来了，家长可能就急着带孩子回家了。
>
> （3）在小区楼下地推，应选择晚饭后的时间，那时会有很多人散步。
>
> （4）在写字楼地推，上班时间不可能，下班大家都忙着回家了，所以最好选择中午。这段时间大家相对空闲，去地推拉新最适合不过了。
>
> **3. 选对地推拉新的地点**
>
> 根据目标人群，选择合适的地点去做地推拉新，才能把地推拉新的效果做到最大化。人流量大的地方固然正确，但也要符合自己要推广的产品定位。

4. 选对地推拉新的方式

（1）摆摊。

摆摊是指在一个相对固定的地点，摆放好地推拉新活动所需的易拉宝、宣传单、小礼品、喇叭、移动Wi-Fi等。有人参加活动是出于好奇心理，这种方式就是现场造势，会吸引更多人来一探究竟的。

（2）流动。

流动是指带着产品以及小礼品一个个找客户进行拉新推广，发传单就是其中一种方式，这种方式更具灵活性。

（3）扫楼。

扫楼就是针对小区、写字楼等场所，一栋一栋、一层一层地上门进行拉新推广。

（4）商户合作。

商户合作是指通过和商户沟通，与对方合作，帮自己做推广。

5. 选对地推拉新的礼品

礼品的作用主要是为了更好地吸引客户，提高地推拉新的效果。但是要尽量选择一些便宜实用的礼品，以便控制成本。

（1）按天气选。

夏季天气炎热，小风扇、扇子、遮阳帽、遮阳伞等都是不错的选择；冬季天气寒冷，暖手宝、暖宝宝、手套等更能吸引到客户。

（2）按目标群体选。

面向儿童，可以选择学习文具、气球、小玩具等；面向年轻人，可以选择水杯、纸巾、数据线、手机支架、饮料、冰墩墩摆件等；面向中老年人，可以选择毛巾、洗衣液、鸡蛋、脸盆、牙膏等。

（3）按地点选。

在学校附近可以选择笔记本、橡皮、头绳、扇子、笔、魔方、小贴纸等；在超市门口可以选择牙膏、洗衣液、垃圾袋、各种餐具、各种厨具等；在大型商场门口可以选择小摆件、玩偶、气球、花、数据线等；在写字楼附近可以选择笔记本、便利贴、燕尾夹、纸巾、数据线、水杯等；在景区附近可以选择水、饮料、遮阳伞、遮阳帽、气球、小电扇、扇子等；在小区附近可以选择洗衣液、洗洁精、食用油、垃圾桶、纸巾、方便面等。

以上小礼品主要是针对预算比较低的项目，如果预算比较高，可以考虑价格更高一些的礼品，比如烧水壶、保温瓶、空气炸锅等。

6. 准备好地推拉新的物料

地推拉新的物料主要包括易拉宝、宣传单、喇叭、马甲、移动Wi-Fi等。

易拉宝和宣传单尽量做得简洁明了。也可以把活动简单说明一下录在喇叭里循环播放，帮助吸引一些顾客。

地推拉新时最好穿上统一的服饰，会让人觉得更加专业，同时会给人留下印象，有一定的推广作用。

另外，开展地推拉新活动时准备一个移动Wi-Fi也是很有必要的。因为并不是每个顾客都愿意用自己的流量来安装软件的，如果因为这个因素而流失了一些客户，还是非常可惜的。

7. 做好每日总结

地推拉新活动结束后，要对地推拉新效果做一个分析总结，比如今天发出去多少礼品、获取了多少用户、有哪些用户的问题回答不了、用户喜欢问什么问题、用户选得最多的礼品是哪种等。

总结才能有所改进，每次地推拉新的效果才会越来越好。

推荐阅读

明明白白股权，清清楚楚创业！

书名：股权架构：非上市公司股权设计指南
作者：刘建军
书号：978-7-5454-8918-7
定价：58元
出版日期：2024年1月
出版社：广东经济出版社

全方位解读完美创业团队成功的秘诀！

书名：这才叫合伙创业：从携程、如家到华住的启示（升级版）
作者：高慕
书号：978-7-5454-8314-7
定价：72元
出版日期：2022年5月
出版社：广东经济出版社

快手"暴力"涨粉就这么简单！

书名：快手快速涨粉高阶玩法
作者：陈海涛
书号：978-7-5454-8978-1
定价：58元
出版日期：2024年1月
出版社：广东经济出版社

小红书"暴力"涨粉就这么简单！

书名：小红书快速涨粉高阶玩法
作者：向上
书号：978-7-5454-9065-7
定价：58元
出版日期：2023年2月
出版社：广东经济出版社

推荐阅读

360度详解如何打造百万粉丝超级头条号！

书名：头条号涨粉与运营全攻略
作者：郭春光　杨岚
书号：978-7-5454-7467-1
定价：45元
出版日期：2021年2月
出版社：广东经济出版社

玩"赚"农产品直播带货得这么干！

书名：农产品直播带货宝典
作者：汪波
书号：978-7-5454-7935-5
定价：35元
出版日期：2021年10月
出版社：广东经济出版社

玩"赚"服饰产品直播带货得这么干！

书名：服饰产品直播带货宝典
作者：陈海涛
书号：978-7-5454-8735-0
定价：48元
出版日期：2023年5月
出版社：广东经济出版社

玩"赚"美妆产品直播带货得这么干！

书名：美妆产品直播带货宝典
作者：陈海涛
书号：978-7-5454-8790-9
定价：48元
出版日期：2023年7月
出版社：广东经济出版社